Secretos de la Autocompasión

*Descubre Cómo Amarte a ti
Mismo y a Callar las Voces
Negativas y Tóxicas en tu Cabeza
Permanentemente*

SHAUN AGUILAR

SECRETOS DE LA AUTOCOMPASIÓN

SECRETOS DE LA AUTOCOMPASIÓN

© Copyright 2020 – Shaun Aguilar- Todos los derechos reservados.

Este documento está orientado a proporcionar información exacta y confiable con respecto al tema tratado. La publicación se vende con la idea de que el editor no tiene la obligación de prestar servicios oficialmente autorizados o de otro modo calificados. Si es necesario un consejo legal o profesional, se debe consultar con un individuo practicado en la profesión.

- Tomado de una Declaración de Principios que fue aceptada y aprobada por unanimidad por un Comité del Colegio de Abogados de Estados Unidos y un Comité de Editores y Asociaciones.

De ninguna manera es legal reproducir, duplicar o transmitir cualquier parte de este documento en forma electrónica o impresa.

La grabación de esta publicación está estrictamente prohibida y no se permite el almacenamiento de este documento a menos que cuente con el permiso por escrito del editor. Todos los derechos reservados.

La información provista en este documento es considerada veraz y coherente, en el sentido de que cualquier responsabilidad, en términos de falta de atención o de otro tipo, por el uso o abuso de cualquier política, proceso o dirección contenida en el mismo, es responsabilidad absoluta y exclusiva del lector receptor. Bajo ninguna circunstancia se responsabilizará legalmente al editor por cualquier reparación, daño o pérdida monetaria como consecuencia de la información contenida en este documento, ya sea directa o indirectamente.

Los autores respectivos poseen todos los derechos de autor que no pertenecen al editor.

La información contenida en este documento se ofrece únicamente con fines informativos, y es universal como tal.

La presentación de la información se realiza sin contrato y sin ningún tipo de garantía endosada.

El uso de marcas comerciales en este documento carece de consentimiento, y la publicación de la marca comercial no tiene ni el permiso ni el respaldo del propietario de la misma.

Todas las marcas comerciales dentro de este libro se usan solo para fines de aclaración y pertenecen a sus propietarios, quienes no están relacionados con este documento.

SECRETOS DE LA AUTOCOMPASIÓN

TABLA DE CONTENIDO

Introducción..9

Capítulo 1: La autocompasión ¿Qué es?......................13

Capítulo 2: ¿Por qué es importante la autocompasión?33

Capítulo 3: Autocompasión y conciencia 50

Capítulo 4: La autocompasión y la mentalidad de crecimiento..73

Capítulo 5: Aceptación................................91

Capítulo 6: Un respiro para la autocompasión..........111

Capítulo 7: La autocompasión y la importancia de no juzgar..132

Capítulo 8: En el nombre de la autocompasión, cuídate..149

Conclusión..175

Introducción

La mayoría de nosotros puede expresar amor, compasión, y dignidad a los demás, extrañamente. Pero aparenta ser toda una lucha el dirigir estas emociones importantes a nuestro interior. Muchos somos adiestrados para creer que amar y mostrar compasión a nosotros mismos es un acto de auto benevolencia.

- Soy tan idiota.

- Soy tan malo en esto.

- Todos parecen entender esto excepto yo.

- Soy un horrible amigo, padre, hijo, hermano.

Estos pensamientos negativos sobre nosotros son constantes, una charla interminable en nuestras mentes.

Parece interminable, Incluso cuando otros encuentran algo bueno que decir sobre nosotros, tendemos a ver un error a través de ese cumplido.

Por ejemplo, luego de una presentación, si alguien te dijo: "Lo hiciste muy bien hoy.", muchos de nosotros respondemos automáticamente con: "Sí, pero desearía no haber hecho tantos errores." U "Ojalá lo hubiera hecho mejor." O algo parecido. Este acercamiento no es solo una evidencia de la falta de autocompasión sino que también es un desaliento a las personas que intentan darte una retroalimentación honesta y positiva.

Entonces, ¿por qué somos tan incapaces de darnos amor propio y autocompasión? Comúnmente, nuestro subconsciente tiene una opinión dividida sobre nosotros.

Una parte de nosotros nos anima a ser felices y nos apoya en nuestros esfuerzos para ser exitosos en la vida.

Sin embargo, otra parte de nuestro yo interior trabaja en nuestra contra, haciéndonos menos y siendo nuestro peor enemigo de manera persistente.

Esta "voz interna crítica" intenta continuamente detener nuestro progreso, desafinar nuestra confianza y hacer menos de nuestro esfuerzo por razones inexplicables. Esta voz interna crítica ralentiza que persigamos nuestros sueños y nos penaliza sin piedad por nuestros errores y fracasos. Un método excelente para empezar a confirmar la veracidad de esta voz crítica puede vivirse en este ejercicio sencillo que puedes realizar.

- Escribe tres de tus mayores debilidades.

- Escribe tres de tus más grandes fuerzas.

Si la autocompasión aún te es extraña, entonces las respuestas a las primeras tres preguntas vendrán fácilmente, mientras que encontrar las respuestas a la segunda pregunta será todo un reto emocional.

Curiosamente, si hicieras el mismo ejercicio para un buen amigo o ser querido, el primero sería mucho más difícil que el segundo.

Es como si estuviéramos entrenados para amarnos menos de lo que amamos a otros, o al menos eso exteriorizamos. Es como si nuestra mente se rehusara a aceptar que necesitamos amarnos.

Incluso mientras luchamos por mostrar compasión por nosotros mismos, las voces críticas externas incrementan el dolor, y la peor parte es que nuestra voz interna crítica se vuelve más poderosa que antes por estas críticas. Todo este odio interno detona muchas respuestas negativas de nosotros mientras batallamos con sentimientos de victimización. Algunos de nosotros toman una actitud sobre-defensiva en estas situaciones mientras que algunos usamos la exageración para crear una farsa para nuestros sentimientos negativos.

La habilidad para enfrentarnos a nuestra voz interna crítica y si la callamos o enfrentamos sus ataques con fuerza es de lo que se trata la autocompasión.

La habilidad para luchar contra críticas injustas de nosotros hacia nosotros mismos es importante para nuestro bienestar emocional, físico y mental.

Capítulo 1: La autocompasión ¿Qué es?

La mejor manera de aprender a ser autocompasivo es empezando desde el principio, y para hacer eso hay que entender la autocompasión tan profundamente como se pueda. Así que comencemos.

Autocompasión luchando contra la autoestima

Expertos en el tema dicen que la autocompasión es más importante que la autoestima para el éxito y la felicidad en la vida. En la vida moderna abundan el estrés y las expectativas irreales de nosotros y de quienes nos rodean.

Sin importar que tan duro tratemos de ser un buen padre o madre, maestro, amigo, esposo, hijo, etc., parece que lo que hacemos nunca es suficiente.

Tú también encontrarás a alguien que es más adinerado, bello, más exitoso, más laborioso, más talentoso, etc. que tú. Siempre encontrarás personas que te harán sentir inferior y pequeño en comparación. Cualquier fracaso es inaceptable porque solo valoramos los aciertos. Nuestros esfuerzos son menospreciados cuando nos equivocamos y son sobrevalorados cuando tenemos éxito.

Doctores opinan que el mercado de la autoestima es responsable por esta falta de compasión hacia nosotros.

El movimiento de la autoestima ha llenado libreros y el internet con toneladas de información y artículos exhortándonos a construir y desarrollar nuestra autoestima. La búsqueda de autoestima es casi como una religión con seguidores en todo el mundo. Sin embargo, muchos de nosotros ignoramos los contras de realizar esta búsqueda ciegamente.

La búsqueda de la autoestima parece habernos hecho excesivamente competitivos ya que intentamos superar a quienes nos rodean para sentirnos más especiales.

Ser alguien promedio es humillante y es considerado como un insulto.

Esta situación nos lleva a endurecernos y a hacer menos a otros para crear sesgo de mejora personal, un término creado por expertos en psicología para describir una sensación falsa de mejoría.

Este constante conflicto y deseo de estar por delante del resto en esta competencia feroz también es responsable por nuestro sentimiento de soledad y desolación. Al final, podríamos alzar nuestro autoestima lo suficientemente arriba. Sin embargo, no ayuda mucho porque lo relacionamos con las altas y bajas que pasan en nuestra vida. Cuando somos buenos en algo, nuestra autoestima se eleva; y cuando fallamos, nuestra autoestima se viene abajo. Nuestra vida se vuelve una enorme montaña rusa de emociones.

Otro resultado dañino del movimiento de la autoestima es el incremento del narcisismo en el mundo moderno.

Estudios han demostrado que el motor para este movimiento ha incrementado la actitud narcisista de los estudiantes. Mientras los niveles de autoestima se elevaban, también los de narcisismo.

De igual modo, múltiples estudios han ligado la autoestima con el enojo, la agresión y el prejuicio hacia los individuos que amenazan o aparentan amenazar nuestros niveles de autoestima. Algunos estudios observan que niños golpean a otros niños a medida que su ego se construye. Este tipo de comportamiento no solo es insalubre, también es peligroso.

Pero sufrir los pesares de la baja autoestima tampoco es una buena solución, ¿verdad? Todos queremos tener un nivel saludable de valor propio. No nos sentimos bien con nosotros mismos y nos valoramos altamente en la comunidad o sociedad en la que vivimos. Entonces, ¿cuál es la alternativa? Expertos dicen que un modo alternativo de sentirse bien sobre nosotros mismos es construir la auto-compasión.

La auto-compasión involucra ser considerados y permisivos con nosotros cuando las cosas salen mal en la vida porque fracasamos o nos encontramos con ciertas características que nos disgustan sobre nosotros. La autocompasión es amarte durante tiempos difíciles en lugar de ser frío y autocrítico.

La auto-compasión permite que aceptes imperfecciones en la vida humana, que nos empodera para amarnos a nosotros y, al mismo tiempo, amar a otros, incluyendo acné, debilidades y todo. La auto-compasión implica ser conscientes y no juzgarnos cuando nos sentimos adoloridos.

Al mismo tiempo, somos capaces de no ser prejuiciosos con otras personas cuando, también, las vemos en sufrimiento. La auto-compasión nos empodera para sentir todas las emociones, en especial las negativas, en el momento que se presentan sin comportarse como actores de telenovela.

La diferencia principal entre autoestima y autocompasión es esta: La autoestima se trata de compararte a ti mismo con los demás. Esto representa el valor que tenemos por nosotros en comparación con otras personas en nuestra comunidad, grupo, trabajo, o sociedad. Por otro lado, la auto-compasión no tiene ningún factor comparativo en él. Todo se trata de nosotros mismos sin ninguna forma positiva o negativa de juicio o evaluación.

Las personas son inherentemente auto-compasivas. El amor por ti mismo existe porque eres un ser humano. No necesitas ser especial, única, o mejor que cualquiera para ser auto-compasiva. La auto-compasión es algo que nos ayuda a conectar con otras personas, mientras que la autoestima nos diferencia y separa de otros.

Simplemente ámate a ti mismo, y por esto, no tienes que sentir que eres mejor que tu vecino o amigo o hermano o incluso un extraño.

La auto-compasión nos ofrece una gran fuerza emocional y estabilidad, mientras que la autoestima nos hace inseguros sobre nosotros mismos y es tan fuerte o débil como el previo acierto o fracaso respectivamente.

La auto-compasión te dice que eres lo suficientemente bueno independientemente de si has alcanzado un logro estupendo o un fracaso miserable. Nuestro ambiente externo y crianza juegan un papel importante para desaprender esta actitud inherente incluso mientras nos dicen que amarte es un acto indulgente en el que no debes caer. En cambio, debes trabajar para construir tu autoestima y ser mejor que las personas que te rodean.

Es tiempo de desaprender los aspectos negativos de la autoestima y aceptar la auto-compasión con brazos abiertos.

Seres imperfectos pero Autocompasivos

Si lo piensas, tener auto-compasión es similar a tener compasión por otros. Para sentir compasión por alguien, lo primero que debemos notar es que esa persona está pasando por alguna forma de sufrimiento. Si no ves el sufrimiento del vagabundo que merodea por la calle o simplemente eliges ignorar a esa persona, entonces no puedes sentir compasión por él.

La segunda cosa sobre la compasión es que el sufrimiento de una persona puede entrañarse en ti. Este sentimiento de respuesta al ver a alguien pasando por mucho dolor debería de ser lo suficientemente fuerte para que tu corazón responda a ese dolor. Por cierto, la raíz de la palabra compasión viene del latín *compati* que significa "sufrir con". Así que, cuando tu corazón responde al dolor de otra persona, estás sufriendo con él o ella de verdad.

Cuando tu corazón responde de este modo, tienes una sensación de empatía, junto con un deseo de ayudar a la persona en cuestión.

La compasión involucra demostrar amabilidad y empatía cuando las personas se equivocan o cometen errores en lugar de abordarlas con críticas duras.

La parte más importante de la compasión es que entiendas que todo el mundo es imperfecto y aun así puedas aceptarlo con amor.

Este sentimiento de una imperfección compartida es lo que hace a la compasión unir a la humanidad entera.

Entonces, ¿qué es auto-compasión? Lo que hayas hecho y sentido por alguien, lo tornas hacia ti mismo, y eso se vuelve auto-compasión. Cuando te veas sufriendo, nota las cosas que no te gustan de ti mismo, o fracasa en algo, y luego demuéstrate amor a ti mismo en lugar de tratar de ignorarlo o criticarte severamente. Di esto para ti: "Sí, esto es muy difícil para mí en este momento.

¿Cómo puedo demostrar más amor y compasión para mí en este momento?"

Recuerda la imperfección compartida de la humanidad. Recuerda que tú formas parte de esa humanidad.

Entonces sentirás el poder para decirte a ti mismo, "¿Quién dijo que hay que ser perfecto para ser autocompasivo? Demostraré amor propio de todos modos". La auto-compasión no viene de ser inútil o inaceptable. Se trata de cuidarte porque honras y aceptas humildemente tu humanidad e imperfecciones que conllevan el serlo.

La auto-compasión es una manera de decirte a ti mismo que las cosas saldrán mal en tu vida, van a ocurrir errores, las cosas no irán de acuerdo al plan algunas veces, todos tienen límites y debilidades, pero aún así mereces amor y compasión porque esta imperfección es inherente al ser humano. La imperfección es la gran realidad de la humanidad y cuando aceptes esta realidad, encontrarás el poder de la auto-compasión y, a través de ella, el poder de transmitir amor a todos los que entren en contacto contigo.

Lo opuesto a la Auto-compasión

No es lástima. La principal diferencia entre las dos es que las personas que se tienen lástima por sí mismas se ahogan en su propia tristeza y dolor al grado de que olvidan que otros a su alrededor pasan por vivencias similares. Al contrario, las personas autocompasivas aceptan sus problemas y debilidades con humildad incluso al mantener sus corazones y mentes abiertas al hecho de que otros están sufriendo por experiencias similares.

La auto-compasión conecta a las personas, gracias a la realidad de la imperfección compartida de la humanidad. La lástima propia aísla a la gente a tu alrededor porque empiezas a creer que solo tú estás sufriendo mientras los demás están suficientemente bien. La lástima propia involucra mucho drama emocional que mantiene a los individuos que la viven tan ególatras que no pueden salir de esta situación y ver las cosas objetivamente y desde una perspectiva más balanceada.

No es auto-indulgencia. Uno de los más grandes disuasores de cultivar la auto-compasión es el hecho de que nos educaron para creer que es una forma de auto-indulgencia. Este acercamiento es un mito porque la auto-compasión no tiene nada que ver con la auto-indulgencia. Por ejemplo, "Tuve un muy mal día hoy en la oficina, así que voy a superar eso yendo a comer un bote de helado" definitivamente es auto-indulgencia.

La auto-indulgencia te daña de una manera u otra, mientras que la autocompasión te motiva a cuidar de ti.

La auto-compasión te exhorta para que ejercites, te mantengas lejos de la comida chatarra, etc. Porque motiva con felicidad y éxito incluso al costo de incomodidades de corto plazo y displaceres en lugar de indulgencia insalubre.

Además de estos dos elementos, ya hemos visto que la auto-compasión no es autoestima.

Componentes de la auto-compasión

Profesionales dicen que la auto-compasión se compone de tres elementos:

- Cariño propio, no auto-juicio.

- Humanidad común, no aislación.

- Ser consciente, no sobre-identificador.

Vamos a mirar a cada elemento con algo de detalle para entender mejor.

Cariño propio, no auto-juicio. Cuando fallamos o cometemos errores o caemos cortos de las expectativas, estamos entrenados para que típicamente nos portemos de un modo autocrítico.

Comenzamos a buscar las cosas que pudimos haber hecho mejor. Nos escabullimos para encontrar información que empeore el criticismo hacia nosotros.

De hecho, nosotros nos flagelamos con odio y autocriticismo.

Los siguientes pensamientos que se siguen repitiendo en nuestras mentes nos vuelven locos:

- Lo estropeé en serio.

- ¿Por qué intenté esto sabiendo que iba a fallar?

- ¡Qué bruta soy!

- ¡Qué idiota soy!

Doctores han dicho que este comportamiento de autoflagelación es la completa antítesis de la autocompasión. En su lugar, durante tiempos difíciles, debemos recordar ser bondadosos con nosotros y no caer en el auto-criticismo. El cariño propio es aceptar e identificar la imperfección humana que hay en ti.

Las personas autocompasivas entienden y aceptan las fallas, imperfecciones y dificultades en la vida que tienen que vivirse por cada ser humano. La figura y forma de estas dificultades puede variar, pero el sufrimiento y el dolor son lo mismo. El conocimiento y la aceptación de esta verdad irrefutable dan a las personas autocompasivas la fuerza del cariño propio.

Ellos entienden que estar enojado y frustrado cuando fallamos o nos enfrentamos a tiempos tristes y difíciles no reduce o elimina el sufrimiento por el que se pasa. Al contrario, estas emociones negativas aumentan el dolor.

El cariño propio tiene su raíz en el aceptar la realidad de que no es posible que las personas obtengan lo que quieren todo el tiempo. Tienen que haber veces en las que no se cumplan la expectativas de nuestros ideales y la vida.

Cuando eliges rechazar esta realidad es cuando te quedas aferrado al sufrimiento en forma de ira, frustración, autocrítica y finalmente, estrés.

Generalmente, las personas que aceptan esta realidad en la humanidad no tienen problema para volverse autocompasivos.

Humanidad común, no aislación. Cuando no conseguimos lo que queremos, una de las más grandes emociones que residen es la soledad. Los siguientes pensamientos debilitantes suelen hallar el camino hacia nuestras mentes:

- Soy la única persona que está sufriendo tanto.

- Soy la única persona que está cometiendo muchos errores.

Este penetrante sentido de "Solo yo estoy dolida" te encamina a la soledad y la aislación. En cambio, si aceptas la verdad de que todo ser humano sufre en varias formas, entonces encontrarás una conexión con otros, la cual a cambio, te mantendrá a salvo de sentimientos de desolación.

Si recuerdas que la definición del ser humano es estar expuesto a la imperfección, vulnerabilidades y mortalidad, entonces no sucumbirás a este sentimiento de aislamiento. Puedes recuperarte rápidamente de tus tiempos difíciles y conectar con personas a tu alrededor.

La auto-compasión incluye el sufrimiento de inadecuaciones personales con la aceptación de que es parte de experiencias de una vida plena para cada ser humano en este planeta.

La auto-compasión incluye el sufrimiento como parte de toda la humanidad (eso te ayuda a sentirte conectado con otros), y no es un elemento de solo-yo (que te hace sentir aislado y desolado). Así que, recuerda que no siempre puedes conseguir todo lo que quieres, y no siempre puedes ser quien tú quieres.

Ser consciente, no sobre-identificador. El tercer componente de la auto-compasión es ser consciente de nuestras emociones negativas de tal manera que sepamos de ellas sin que las ignoremos por completo o nos aferremos a ellas.

La auto-compasión incluye un objetivo para la aceptación de nuestras emociones negativas sin suprimirlas o exagerarlas.

Este sentido de equilibrio que las personas autocompasivas tienen sobre sus experiencias se basa en la aceptación de que otros también están sufriendo. Este acercamiento nos ayuda a poner nuestras perspectivas en una perspectiva de vida más amplia, dándonos la habilidad de ver las cosas como son en realidad.

Personas con auto-compasión están dispuestas a mantener sus emociones negativas a plena vista mientras tratan de llegar a un acuerdo con los sentimientos y sensaciones que acompañan a las experiencias negativas. Ser consciente te permite ver tus pensamientos y emociones sin colocarles un juicio de gusto/disgusto y sin suprimirlos.

Es como sentir compasión por cualquier otra persona. Si no ves o sientes su sufrimiento, ¿cómo sentirás compasión? Lo mismo se aplica con la auto-compasión.

Debes sentir tus emociones negativas para que sientas auto-compasión por ti mismo.

Es importante recordar que ser consciente de ti mismo también restringe que te mantengas tan apegado a tus emociones. Esto porque requiere una perspectiva más objetiva sin sobre-identificarse con ellas hasta el punto de dejarse llevar por la abrumante negatividad que esta clase de emociones puede traer. Así que trata tus experiencias negativas de tal manera que aprendas lo más que puedas de ellas, y luego déjalas ir. No las dejes circulando por tu mente de un modo innecesario.

Adoptar los pensamientos conectados con estos tres elementos de la auto-compasión te ayudará a verte a ti mismo y a los demás que te rodean con amor y compasión, empoderándote para vivir una vida plena y llena de significado.

Las recompensas y beneficios de ser auto-compasivos son extensas, algunas son discutidas extensivamente en el siguiente capítulo.

Lee para descubrir más y saber cómo construir tu auto compasión usando métodos que han sido probados.

Capítulo 2: ¿Por qué es importante l autocompasión?

La auto-compasión no es nada más que la habilidad de darte amor verdadero por quien quiera y lo que sea que seas. No se trata de añadir nada nuevo a tu personalidad. Solo es aceptar tu personalidad por lo que es. No necesitas ser rico, exitoso, famoso, poderoso, o popular para demostrar compasión por ti mismo o ti misma. Solo sé un ser humano con todas las imperfecciones que vienen con el paquete y podrás encontrar el camino hacia la auto-compasión.

¿Por qué deberíamos desarrollar el poder de la auto-compasión?

¿Por qué deberíamos aprender a desaprender las maneras autocríticas con las que nos formamos? ¿Cuál es el propósito de la auto-compasión?

Es cierto que hay múltiples beneficios que puedes recibir de aprender a ser autocompasivo, lo más importante es que aprendas a estar cómodo contigo mismo. Una de las causas más importantes de nuestra inhabilidad para encontrar soluciones a nuestros problemas es que no tenemos la habilidad de ver y entender nuestros propios pensamientos. Es como si hubiera otra persona dentro de nuestra mente, y él o ella está repartiendo estos pensamientos y no nos gusta.

Olvidamos que los pensamientos que vienen a nuestra mente son los propios.

Tenemos estas cosas en mente. Las emociones negativas y positivas son nuestras.

Nadie puede hacernos pensar o sentir algo que no

queramos.

Una vez que nos aceptemos a nosotros mismos, nuestras emociones y nuestros pensamientos completamente, entonces aprendemos a identificar con esto que llamamos mente.

La aceptamos como propia y cuando lo hacemos, entonces empezamos a controlarla y no al revés.

Nuestra mente es una herramienta poderosa. Tiene generaciones de información almacenada en ella de maneras que no podemos desglosar ahora. Una vez que aceptes que tu mente y tus pensamientos como propios, te abrirán las puertas a un mundo de oportunidades para ti, y difícilmente te encontrarás con problemas para lo que no tengas una solución. Conectar con los deseos más profundos de tu alma será la primera y principal ventaja de la auto-compasión. Cuando esto pasa, todos los demás beneficios te abren sus puertas. Veamos unos cuantos beneficios de la auto-compasión con algo de detalle.

Auto-compasión como un mejor motivador

¿Por qué somos tan duros con nosotros mismos? Una de las principales razones de la autocrítica excesiva es que creemos que nos motivará a ser mejores. Supongamos que tu amiga perdió su trabajo porque su compañía se estaba encogiendo, su típica respuesta sería, "qué vergüenza que me despidieran.

¿Por qué trabajé para esta compañía en primer lugar?

¡Soy todo un fracaso!"

La miras y te das cuenta de que no hay razón para que ella sea tan autocrítica. Ella era buena en su trabajo. No fue como si la hayan despedido a causa de la calidad de su trabajo. Su compañía decidió reducir su tamaño y su política fue "Últimas entradas, primeras salidas".

Además, ella tenía otras ofertas a la mano. Entonces, ¿por qué es tan autocrítica sobre todo el asunto?

Todos lo hacemos porque pensamos que nos ayudará a sobrepasar de mejor manera la experiencia que se sufre. Creemos que los mensajes reprobatorios son fuertes motivadores para la mejoría propia. ¿Por qué esta voz crítica tiene tanto poder?

Psicólogos opinan que no fue lo que pasó durante nuestra infancia lo que nos moldeó como los adultos que somos hoy, pero es el modo en el que respondimos o reaccionamos a estas situaciones lo que contribuye a nuestro carácter.

Así que algo tan simple como nuestras madres gritándonos para que nos demos prisa porque estamos tardando puede hacernos sentir lentos o que somos flojos.

Siendo niños, nosotros dependemos de nuestros padres para nuestra propia supervivencia, así que nos identificábamos fácilmente con ellos e internalizamos muchos de sus pensamientos negativos, los cuales se acumularon en la voz interna crítica.

Ahora, como adultos, es momento de enfrentar esta voz interna crítica y enfrentarse a los mismos miedos que sentimos cuando éramos niños. Este acercamiento tiene un efecto de catarsis, y tu habilidad para sobrepasar el poder de la voz interna crítica se volverá más fuerte que antes. La razón por la que necesitamos hacer esto es porque la auto-compasión es un mejor motivador que la autocrítica.

Investigaciones han probado una y otra vez que la autocrítica no motiva a las personas hacia la mejoría.

En su lugar, incrementa el miedo al fracaso y estrés, y dirigen a comportamientos de evitación. Al contrario, esos individuos que están dispuestos a aceptar sus errores ocasionales (un elemento importante de la autocompasión) suelen tener estas cualidades:

- Son competentes a un nivel incrementado.

- Toman los desafíos con más confianza que los auto-críticos quienes tienden a evitarlos.

- Tienen una actitud menos procrastinadora que los autocríticos.

- Tienen niveles altos de optimismo.

- El sentimiento de aislamiento se ve reducido.

- Y finalmente, están más motivados que los auto-críticos.

La autocrítica puede llevarte a superar retrasos y problemas para que puedas tener éxito en la vida;

Sin embargo, también puede prepararte para fallar por estar menospreciando tus capacidades. Incluso si alcanzas tus logros siendo autocrítico, te sentirás mal por ti mismo ya que te ves como un fracasado incluso luego de haber tenido éxito.

La auto-compasión es un mejor motivador que las conversaciones internas negativas o críticas. Te ayuda a motivarte y a la vez te hace sentirte bien sobre ti misma. Una clásica ilustración de este punto es: Supón que tu hijo falló una tarea en particular.

Tal vez perdió un juego de su liga o reprobó un examen en su clase. Si lo aproximaras con crítica y reproches, ¿no se le estaría encaminando a rendirse?

De otro modo, si le dijeras que está bien si falló esta vez y ahora puede continuar intentando porque el éxito le aguarda, ¿no se sentiría motivado para intentar con más ganas la siguiente oportunidad? Lo mismo funciona con la autocrítica y la auto-compasión también.

Las profecías de plenitud pueden cumplirse

Aquí un ejemplo que ilustre el significado de una profecía de plenitud. Supón que no te gusta cómo te ves.

Tú piensas que eres un hombre o una mujer con quien nadie quiere salir porque crees que eres gordo, bajito, oscuro, todo lo que ahuyenta a una potencial pareja. Esta es tu voz interna crítica hablándote porque estás bajo sus garras. Si crees esto, entonces te vas a dirigir al resultado en el que creas.

Ya que piensas que nadie saldrá contigo, no harás un esfuerzo para atender funciones sociales y reuniones donde otras personas tienden a asistir. Te quedarás aislado en lugar de salir. Mientras te sientes aislado, pensarás, ¿por qué debería desperdiciar mi tiempo y energía volviéndome saludable y atlético? Y este pensamiento te llevará a una vida sedentaria que podría hacerte gordo o gorda, ¡cuando realmente no lo eras! Así ves, tu mente encaminará a tu comportamiento basándose en tus creencias propias. Es como si tu mente tuviera el poder de hacer profecías de plenitud.

Ahora, en lugar de esta creencia negativa, si hubieras demostrado auto-compasión, tus pensamientos hubieran sido muy distintos. Hubieran sido algo como, "Tal vez no me veo tan bien, pero soy inteligente, y puedo hacer grandes conversaciones con la gente." Esta confianza te hubiera empoderado para que salgas y conozcas a más personas y hubieras descubierto que hay muchos chicos allá afuera en el mundo que prefieren salir con alguien como tú que con cualquier otra persona.

Los pensamientos auto-críticos te pondrán en un capullo de aislación porque quieres protegerte de posible dolor y sufrimiento. Una actitud autocrítica devalúa nuestras fuerzas y capacidades. Y sin darnos cuenta, creamos situaciones en las que hacemos de estas creencias malentendidas verdad. Si crees que no eres lo suficientemente buena para estar en una relación, entonces subconscientemente eliges a una pareja que es demandante y crítica, llevándote a creer que tu asunción original era verdad.

El miedo a que tu promoción sea rechazada te impedirá de siquiera aplicar para ella.

No tenías por qué haber sido rechazada; tu autocriticismo se encargó de que no obtuvieras la promoción. Tus acciones y comportamiento basados en tu autocrítica manejarán tu apariencia ante el mundo al igual que tus respuestas a los estímulos del mundo exterior. Por lo tanto, esta actitud auto-crítica creará un ciclo vicioso del cual no podrás escapar fácilmente en realidad. Recuerda, no puedes odiarte hacia un mundo de amor. Tienes que encontrar un camino de amor hacia él.

La auto-compasión es el camino del amor que te promete el mundo de amor. Cuando te amas y te aceptas tal cual eres, encontrarás que las personas a tu alrededor te amarán y te aceptarán. Primero, te verás como alguien que merece amor, compasión y bondad. Los demás seguirán tu perspectiva.

Alterar tu relación contigo misma ayudará a que transformes tu personalidad, comportamientos y sentimientos.

La auto-compasión merecida por todos

"¿Realmente merezco compasión?" es una de las preguntas más frecuentes de personas de todos los caminos en la vida. Rompe el corazón, en verdad, el ver que dudamos de nosotros tanto que no estamos seguros de merecer uno de los elementos más básicos de una vida feliz-la compasión. ¡Es una verdad sumamente triste!

Todos merecemos auto-compasión porque todos sufrimos alguna forma de dolor. ¡Como hayas obtenido tu sufrir es irrelevante!

El que estés sufriendo dolor y agonía es relevante, y el único bálsamo natural que puede alivianar este dolor es la auto-compasión. Cuando nos lastimamos físicamente, ¿acaso nuestro cuerpo no siente dolor? ¿Lo llamarías loco si sintiera dolor?

De igual manera, cuando estamos mental y emocionalmente heridos, también sentimos dolor. No estamos locos si sentimos dolor emocional y mental. El que sintamos dolor al lastimarnos es una reacción humana perfectamente natural. Por lo tanto, merecemos auto-compasión.

Desafortunadamente, muchos de nosotros somos adiestrados a creer que deberíamos preguntarnos si merecemos compasión antes de dárnosla a nosotros mismos. Sin embargo, esta clase de compasión viene de la indulgencia y no del empoderamiento en sí. La auto-compasión es necesaria para activar la aceptación del dolor y traer bondad a nuestras vidas para que podamos manejar nuestro dolor mejor que antes.

La auto-compasión nos permite estar presentes en el momento para que podamos aceptar la existencia del sufrimiento sin sobre-identificarnos y luego encontrar las soluciones adecuadas para los problemas que nos causan dolor. Hasta esas personas a quienes el mundo ve como malas o inmorales merecen compasión como un recurso importante que es necesario para traer una transformación positiva.

Así que, nunca te cuestiones si mereces compasión o no. No hay duda de que mereces compasión completa y absolutamente.

Incluso si erraste a alguien, deliberadamente o por accidente, tú necesitas compasión como un recurso para encontrar el coraje para ir con esa persona, disculparte y ver si puedes enmendar el mal que le hiciste a él o ella.

El cuerpo y la mente con Auto-compasión

La autocrítica ha encontrado la manera de jugar un rol importante en incrementar el estrés para el cuerpo y la mente.

Esto pasa porque los pensamientos negativos actúan como ataques emocionales en nuestra mente y activan las respuestas de lucha o huida en nuestro sistema nervioso.

Por consecuencia, el nivel de cortisol, o de hormona de estrés se incrementa en nuestro cuerpo.

Consistentes niveles altos de cortisol están ligados a múltiples problemas, incluyendo ansiedad, estrés, dolores de cabeza, problemas de la barriga, riesgos altos de enfermedades cardiovasculares, discapacidad cognitiva, subir de peso y más. La mejor manera de contraatacar el auto-criticismo es practicar la auto-compasión.

Cuando reemplazas tus pensamientos negativos con pensamientos positivos y bondadosos, entonces tu cuerpo despide oxitocina, una hormona relacionada con el amor y las conexiones humanas. Cuando el nivel de oxitocina aumenta en tu sistema, sentimientos positivos y calmantes son producidos. Adicionalmente, los niveles elevados de oxitocina ayudan a disminuir los niveles de cortisol. Por lo tanto, en general, la auto-compasión afecta a tu cuerpo y cerebro positivamente.

También te beneficia así la Auto-compasión

Múltiples estudios de la auto-compasión han mostrado que ofrece muchos otros beneficios incluyendo los siguientes:

Bienestar incrementado. Se sabe que las personas autocompasivas sienten un nivel reducido de ansiedad, estrés, depresión e innecesarias reflexiones.

Ellos no suprimen sus pensamientos y emociones. Ellos no siguen expectativas irreales de perfeccionismo y ni siquiera sienten pena de sí mismos.

Al contrario, las personas autocompasivas tienen un nivel incrementado de satisfacción de vida, conectividad, felicidad, optimismo, confianza en sí mismos, curiosidad y gratitud.

Motivación incrementada. La auto-compasión incrementa la motivación intrínseca y el deseo de aprender, crecer y tener éxito. Las personas auto-compasivas no bajan sus estándares establecidos, pero no se sienten decepcionados si fallan en alcanzarlos. Ellos solo intentan con más ganas. Las personas que practican la auto-compasión tienden a ser menos amedrentadas por el fracaso que quienes no. Ellos son más susceptibles a persistir en sus esfuerzos.

Aumento en la responsabilidad personal. Las personas que practican la auto-compasión tienden a tener un nivel incrementado de escrupulosidad. No se apenan de tomar responsabilidad por sus errores, y están abiertos a disculparse por otros.

Salud incrementada. Individuos capaces de auto-compasión tienden a cuidar de su salud a través de la dieta, ejercicio y la práctica del sexo seguro. También evitan hábitos insalubres como fumar y la adicción al alcohol.

Adicionalmente, las personas autocompasivas han demostrado ser mejores manejando mecanismos de superación. Tienen grandes relaciones (no controladoras ni agresivas), Son más propensos a perdonar los errores de otros y exhiben comportamientos y actitudes saludables y positivas.

Cuando hay tanto en juego por practicar la autocompasión, ¿no tiene sentido aprender esta maravillosa habilidad y facilitar los poderosos beneficios para que vivas una vida más feliz, contenta y plena que antes? Sigue leyendo para saber algunos consejos, trucos y sugerencias para que puedas desarrollar niveles incrementados de auto-compasión.

Capítulo 3: Autocompasión y conciencia

La conciencia está en el núcleo de la auto-compasión. De hecho, expertos en el campo de la psicología han llegado a creer que la auto-compasión es la forma moderna de la conciencia. La auto-compasión es el nuevo antídoto para las emociones negativas y los sentimientos traídos por los errores y fracasos.

La auto-compasión también es el antídoto para los pensamientos que previenen conexiones con los demás por un sentido de arrogancia fuera de lugar que nos hace creer que podemos hacer todo nosotros y no necesitamos a nadie más en nuestra vida.

También estamos tan colmados con conveniencias modernas y lujos que literalmente nos llegan a la puerta de la casa, que olvidamos que hay tantas personas involucradas en nuestro bienestar.

Por ejemplo, muchos de nosotros, especialmente en el mundo de occidente, tenemos comida y refugio, ¿no? Pero, ¿crecemos nuestra comida o construimos nuestros hogares? Muy poco probable, ¿cierto?

Algún granjero en alguna parte remota del país o incluso de fuera cultiva tu comida, y muchas personas están involucradas en la logística para conseguir que tu comida sea enviada a la puerta de tu casa. Si el más pequeño eslabón en esta cadena se rompiera, es muy probable que no obtengas tu comida.

Esto puede parecer un poco extremo porque tienes acceso a cadenas de comida alternativas que también son manejadas por muchas personas; Sin embargo, el punto a denotar aquí es que ninguno de nosotros vive en una isla desierta. Todos estamos interconectados, ya sea directa o indirectamente.

Una pequeña grieta en la interconexión puede afectarnos de varias maneras, algunas que incluso no podemos concebir porque la grieta no se ha formado aún. Pero eso no nos da el derecho de dar todo por sentado en este mundo.

Cada pequeño aspecto de la vida nos afecta de diversas formas, y a menos que seamos conscientes de estas cosas pequeñas, es fácil pensar que la vida avanza en piloto automático. Darnos cuenta de la verdadera naturaleza de nuestras vidas y nuestra personalidad es el primer paso para construir auto-compasión.

Venciendo el dolor, pérdida y luto

Como ya has de saber, todos tenemos nuestros momentos de pérdida y dolor. Casi todos nosotros tenemos tropiezos al pasar por estos tiempos difíciles tratando de no tener cicatrices mentales y emocionales. Este dolor puede venir en cualquier forma, incluyendo las siguientes:

- Cuando los problemas de nuestras vidas nos llevan al borde de la locura.

- Cuando nos enfrentamos de luto por la pérdida de un ser querido.

- Cuando estamos abrumados por la depresión, el estrés, la ansiedad y a veces incluso un sentido profundo de desesperación.

Durante estos tiempos tan estresantes, luchamos con nuestras emociones negativas más abrumantes. Mientras más intentamos luchar contra estas emociones negativas tan poderosas, más sentimos que somos arrastrados a una arena movediza sofocante y mortal. Puedes intentar un acercamiento más compasivo y gentil en lugar de batallar con tus emociones, y este acercamiento se llama compasión basada en conciencia.

La conciencia y la auto-compasión forman una excelente combinación para ayudarte a superar los desafíos que las emociones negativas tienen el poder de ponerte de rodillas.

Aquí hay un proceso de 4 pasos explicado por un doctor especializado, este consiste en usar tu conciencia y auto-compasión para superar tiempos brutalmente difíciles.

Cuando estés experimentando un periodo particularmente doloroso que te esté causando apuros, sal de la situación por un momento. Sintoniza tu cuerpo y tu mente y ve si puedes identificar en dónde exactamente estás sintiendo el dolor. ¿Cuáles son las sensaciones físicas y emocionales?

Paso 1

En este paso, traerás una aceptación consciente de lo que está sucediéndote. Cuando aceptes la experiencia, estarás dejando ir tu resistencia a lo que está tomando lugar en tu vida. Estás dejando de intentar luchar contra lo que está sucediendo.

Una manera eficiente de llevar toda tu atención al momento de dolor es diciendo en voz alta, "Sí, acepto que este es un momento de sufrimiento".

Aquí hay unas cuantas sugerencias sobre la consciencia para que te des cuenta del dolor que estás sufriendo:

Respirar profundo. Concentrarte en tu respiración es la fundación de todas las técnicas conscientes. En el método de respiración profunda, puedes concentrar tu mente en tu proceso de inhalación y exhalación. Aquí están los pasos que debes seguir:

- Toma mucho aire, mantenlo por un par de segundos y luego exhala.

- Puedes usar un mantra o frase para guiarte.

- Por ejemplo, puedes decir, "Este es un tiempo difícil para mí", cuando inhales y "Este también va a terminar", cuando exhales.

- Puedes reproducir música relajante de fondo mientras te concentras en tu respiración. Pero, si la música se está interponiendo en el camino para desarrollar una aceptación consciente del momento presente, entonces es mejor evitarla.

Desarrollar una respuesta de relajación. Un modo efectivo de contrarrestar el dolor de los tiempos estresantes es desarrollar una respuesta de relajación que es el antídoto para tu respuesta de estrés. Recuerda que tu respuesta de estrés a la situación se incrementa junto con el ritmo cardiaco y pone a todos los sistemas de tu cuerpo en alerta- la posición perfecta de lucha o huida.

La respuesta de relajación típicamente debería reducir tu ritmo cardiaco y bajar el volumen de todas las alertas disparadas en tu cuerpo. Por esto, siéntate cómodamente, cierra tus ojos, relaja los músculos y concéntrate en tu respiración.

Cuando tus pensamientos rompan con el momento, simplemente di "refrescar" y continúa con la respuesta de relajación.

Quédate en esta posición por unos quince o veinte minutos. Cada vez que rompas tu concentración di, "refrescar", y vuelve a relajar tu cuerpo y mente.

Cuando sientas calma, intenta sentarte y guarda silencio por un par de minutos, permitiendo que tus pensamientos vuelvan hacia tu mente. Ahora, abre tus ojos y observa lo que te rodea por un minuto antes de ponerte de pie.

Meditación guiada por imágenes. De nuevo, empieza con respiración profunda. Una vez que tu respiración se estabilizó y logras notar cada aliento que respiras, dirige tus pensamientos a una imagen en tu mente que te ayude a relajarte y contrarrestar la respuesta de estrés. Por ejemplo, si te sientes estresado por un examen que se aproxima, visualiza una escena donde terminas el examen con éxito y pasas con una buena calificación.

Alternativamente, visualízate sentado en una hermosa y silenciosa playa, escuchando el ritmo de las olas mientras acarician la arena y admirando el bello paisaje del sol atardeciendo en el horizonte. Cada vez que tu mente rompa con las imágenes que creaste para ti, solo di "refrescar" y regresa a la imagen.

Concentra tu atención en una tarea en particular. Elige cualquier actividad que disfrutes. Puede ser caminar, pintar, leer, cuidar de un jardín, cocinar, o cualquier otra cosa. Realiza este hobby con toda tu concentración enfocada en él. Vuélvete completamente inmerso en la actividad. Pon atención a cada detalle de la actividad, por más mínimo que sea, incluyendo tus emociones y sentimientos en respuesta a tu acción. Practica ser consciente en cada detalle de la actividad. Y una vez más, cuando tu mente se distraiga, di "refrescar" y tráela de vuelta a la actividad en cuestión.

Yoga y Tai chi. Estos son ejercicios de cuerpo y mente que incorporan la respiración, movimientos concentrados y meditación para fortalecer y estirar los músculos. Son excelentes técnicas para traer tu conciencia a lo que sucede en el presente.

Pensar positivamente. Cuando estamos tristes y deprimidos, solemos enfocarnos en nuestras debilidades y en las cosas que somos incapaces de hacer. Este acercamiento incrementa nuestro dolor y sufrimiento.

Haz un esfuerzo por convertir tus pensamientos negativos en pensamientos positivos enfocándote en tus fortalezas y en las cosas que te salen muy bien.

Paso 2

Después de haber traído una aceptación consciente al momento necesario, es tiempo de darse cuenta de nuestra humanidad compartida, que normalizará tus sufrimientos junto con el resto de la humanidad. Es el momento de recordarte a ti mismo que tu sufrimiento no es único incluso si el dolor que experimentas es solo tuyo.

Este paso involucra recordarnos a nosotros mismos que no estamos solos en este mundo cuando se trata de dolor y sufrimiento. La humanidad entera está conectada por el sufrimiento. Es una parte esencial de la vida humana. No hay nada porque sentirse culpables o avergonzados.

Puedes repetir esta afirmación a ti mismo (en voz alta o mentalmente), "El sufrimiento es parte del ser humano, y no estoy solo en este mundo."

Aquí hay algunos consejos más para evitar la soledad y la aislación:

Encuentra tu comunidad única. Tú defines a tu propia comunidad. Incluye personas que amas, respetas y que les importas independientemente de tus aciertos y fracasos. Tu comunidad no necesita ser cientos de seguidores en plataformas de medios sociales. Puede ser simplemente un pequeño grupo de tres o cinco amigos a quienes puedas tocarles la puerta cada vez que quieras pedirles ayuda.

Construye relaciones de verdad con personas que amas y con quienes puedes conectarte. No te preocupes excesivamente por alcanzar tus metas materialistas. Sí, el dinero es importante; Sin embargo, debes recordar no perseguir la riqueza a costa de tus relaciones. La felicidad no se encuentra en una cama lujosa cuando estás solo.

La felicidad se encuentra en una cama cómoda pero en medio de las personas que te aman y a quienes les importas.

Concéntrate en las personas y no en las cosas. La aventura y la intriga son maneras de llevar una vida emocionante, pero son efímeras. Busca aventura y emoción pero preferiblemente hazlo con alguien más. Hazlo con personas que piensen similar, con quienes puedas construir relaciones sustentables.

Evita la soledad aceptando que realmente no estás solo en este mundo tan enorme y que no fuiste seleccionada por la naturaleza para sufrir más que el resto. Ten una pequeña comunidad a la que puedas recurrir durante tu soledad.

Paso 3

Ahora, ofrece compasión y bondad a ti misma. Este es, quizá, el paso más difícil y extraño para muchos de nosotros. Tenemos que aprender a traer de vuelta la bondad y la compasión en medio de nuestro sufrimiento y dolor.

Coloca tu mano sobre tu corazón. Este gesto es un símbolo de auto-compasión. Si te gusta cualquier otro gesto, puedes usar ese también. Entonces repite este mantra: "Seré bueno conmigo mismo".

Paso 4

Aprendiendo a demostrar bondad a ti misma es la parte de la auto-compasión que parece más extraña a una novata. Como principiante, puede parecerte raro cuando las personas hablan sobre ser "bueno contigo mismo". ¿Cómo hacemos esto? Simplemente empiezas por aceptarte a ti por quien eres, con todo y acné.

Después, puedes deleitarte con actividades pequeñas para darte un gusto. Puede ser lo siguiente (la lista mencionada es solo un ejemplo, tú puedes hacer cualquier cosa que te guste):

- Darte un baño con agua caliente.

- Llamar a un amigo (aquí es cuando tu pequeña comunidad exclusiva será de ayuda, solo recuerda que tú también debes estar ahí si alguien en este grupo necesita de tu ayuda alguna vez).

- Medita.

- Da un paseo caminando en algún parque o una playa.

Recuerda, la auto-compasión no es auto-indulgencia que podría potencialmente herir tu cuerpo y mente a la larga. Así que bebiendo, fumando, cuchareando un bote de helado, etc. No está permitido en la auto-compasión. Otro capítulo en este libro trata de la bondad propia a detalle.

Sigue este proceso de cuatro pasos que combina el poder de la auto-compasión y la conciencia propia para ayudarte a sobrepasar tiempos asociados con pérdida, dolor y sufrimiento.

La autocompasión y la Terapia Breve Centrada en Soluciones

La Terapia Breve Centrada en Soluciones (TBCS) es una intervención terapéutica popular usada en fraternidad médica para ayudar a personas que tratan con problemas como depresión, abuso doméstico o infantil, problemas en relaciones, etc.

La mayoría de las terapias convencionales se enfocan en analizar problemas, diagnósticos y experiencias previas para terapia.

TBCS tiene un acercamiento muy diferente al tradicional. Se enfoca en identificar soluciones en la situación presente mientras se explora el futuro para encontrar soluciones incluso más rápidas. La TBCS se basa en la idea de que tú sabes lo que necesitas hacer para mejorar. Solo necesitas algo de persuasión y asesoramiento para identificar y encontrar tus propias soluciones para tus problemas.

Aquí hay un ejercicio que puedes usar para ayudarte a sobrepasar el periodo difícil por el que pasas en el presente. Imagina tu vida dentro de 5 años, desde hoy.

¿Qué es lo que estarás haciendo? ¿Quiénes son las personas que tendrás en tu vida? ¿En donde piensas que estarás viviendo? ¿Cuáles serán tus valores esenciales?

Imagina que estás en el futuro, ahora escribe una carta para tu yo del presente desde este sitio en el mañana.

Alternativamente, puedes escribir tu visión sobre tu vida a futuro con cualquier otra persona que sea importante para ti, viva o muerta.

Asegúrate de que escribas muy a detalle, por más pequeño que sea, para explicar cada uno de los aspectos de tu vida. No apresures la carta. Tómate todo el tiempo que necesites. Hazla tan concreta y visualmente agradable como te sea posible.

Cuando termines de escribir la carta, aquí están las cosas que necesitas hacer:

- Lee la carta e identifica tres de los valores que mejor identifiquen tu vida futura.

- ¿Qué tan cerca estás en el presente de estos tres valores? (Evalúa en una escala de 0-100, donde 100 es 100 por ciento cerca y 0 es nada cerca.)

- ¿Cuáles son las 5 cosas que puedes hacer en los siguientes 3 días que te podrán llevar 5 puntos cerca de donde quieres estar? Deja que estas cinco cosas sean pequeñas y alcanzables en los siguientes tres días. Deja que estas tareas sean establecidas en términos de comportamiento positivo o acción.

Esta clase de ejercicios TBCS te dan una perspectiva más clara de tu situación o problemáticas actuales. Te trae conciencia del momento presente. Este entendimiento claro de tu posición actual te empoderará a cultivar los hábitos correctos para que te dirijas hacia dónde quieres estar. Y todo esto se logrará con base en la autocompasión y la conciencia propia.

Estableciendo límites

La palabra límite puede concebirse erróneamente. Transmite la idea de que es para mantenerte separado del resto. Pero en realidad los límites son puntos de conexión ya que promueven reglas saludables para navegar relaciones íntimas o profesionales.

A continuación se enlistarán las ventajas que trae el establecer límites.

1. Los límites mejoran nuestras relaciones.
Tener límites establecidos te permite hacer a tus asuntos los prioritarios, ya sea en cuestión de cuidado propio, aspiraciones vocacionales o con las personas que te rodean. De este modo las relaciones que mantienes con tu familia, compañeros de trabajo, amigos, etc. se mantienen sanas y sin permitir comportamientos que te perjudiquen y sean lo opuesto a lo que la auto-compasión permite.

2. Los límites pueden ser flexibles.

Los límites no están tallados en piedra, está bien reevaluarlos y cambiarlos ocasionalmente. No se trata de aislarse por completo para evitar ser lastimados o rendirse para no tratar con los demás. Adapta los límites para que no sean tan rígidos e inflexibles y se ajusten a tu estilo de vida.

3. Los límites nos dejan conservar nuestra energía emocional.

No necesitas tener los mismos límites que otros establecen para sí mismos, esto varía por persona. Tu identidad y amor propio puede ser impactado por otros si hay una inhabilidad latente para poner un alto ante una situación no deseada. Si un amigo o amiga acostumbra a hablarte sobre sus problemas o a pedirte ayuda con una carga que le es muy pesada, no hay nada de malo en tratar de echar una mano; Sin embargo, esto no significa que debas cargar con todo su peso emocional si consideras que es demasiado para ti.

4. Los límites otorgan un espacio para crecer y ser vulnerables.

Cuando estamos tratando con emociones y sentimientos complejos es cuando la vida ocurre. Establecer límites y luego romperlos si el momento es adecuado, te hace vulnerable. Esto puede hacerse cuando se habla abiertamente con amistades y familiares. Cuando expresamos nuestra vulnerabilidad a alguien, cuando le decimos a un amigo o amiga que estaremos ahí para ellos, o de muchas otras formas en las que esta vulnerabilidad puede presentarse.

Pero la vulnerabilidad y compartir de más son cosas diferentes. La vulnerabilidad compartida, así como la humanidad compartida, genera una conexión que une a las personas con el paso del tiempo. En cambio, compartir de más puede propiciar una relación abusiva o violenta. Aprender la diferencia también es fundamental para establecer y comunicar límites. Compartir de más no es un crimen de vez en cuando.

Para establecer límites es importante aprender a decir "no".

En ocasiones podríamos dudar si se dice o no, pero a veces es necesario para establecer un límite con claridad.

Puedes decir no sin explicar el porqué de tus límites, cuando alguien te pide un número de teléfono o te invita a bailar no le debes ninguna explicación si le dices que no.

Otra parte importante de los límites recae en reconocer y respetar los de los demás. Un semáforo para guiarnos al momento de analizar un límite sería de mucha ayuda.

Pero hay otras maneras en las que podemos estar conscientes de que lo que estamos haciendo incómoda o perjudica a la otra persona. Todo recae en la comunicación y en estar alertas para no invadir el espacio de otras personas.

Hay diversas maneras en las que alguien puede expresar que estás cruzando uno de sus límites o no desea continuar, aquí verás algunas de ellas, una persona puede estarte dando señales de esto si hace lo siguiente:

- Evita el contacto visual.

- Se voltea de lado.

- Te da la espalda.

- Conversación con respuestas limitadas y cortas.

- Gestos de nervios como risas incómodas o hablar muy rápido.

Los comportamientos anteriores pueden presentarse de diferente manera para todos y hay que tomar en cuenta que algunas personas pueden demostrar estos comportamientos todo el tiempo como puede ser en el caso de las personas neuro-divergentes.

Otra opción es preguntar. Nunca subestimes el poder de preguntar, así puedes averiguar si algo como un abrazo está bien para la otra persona o si puedes preguntar sobre algo personal.

Algo muy importante que los límites hacen por nosotros es concientizarnos sobre comportamiento que podría ser dañino, ya sea hacia nosotros o hacia los demás. Si algo es continuamente incómodo e inseguro, es una señal de que no debe replicarse. Puedes evitar este comportamiento dañino preguntando a las personas en tu vida si estás traspasando alguno de sus límites, de este modo establecerás un lazo más seguro con quien te responda a esta pregunta.

Capítulo 4: La autocompasión y la mentalidad de crecimiento

La mentalidad de crecimiento y la auto-compasión es una potente combinación que en algún punto te dará felicidad y éxito. Ya hemos visto cómo la auto-compasión es un bálsamo fabulosamente relajante para sobreponer el dolor y las frustraciones, decepciones, luto y otras formas de sufrimiento.

Hemos visto que la auto-compasión no previene tu crecimiento y desarrollo y de hecho, es mucho, mucho mejor que la auto-crítica en términos de ser un asombroso motivador para llevar tu vida adelante. La auto-compasión es un motor para la productividad y la eficiencia.

¿Cómo es que la auto-compasión está conectada a una mentalidad de crecimiento?

Para eso, déjanos comenzar por entender que es una mentalidad en crecimiento en realidad. El término y definición de una mentalidad de crecimiento fue la creación de una profesora e investigadora de psicología en la universidad de Stanford.

A través de su investigación, se descubrió que solo hay una idea simple que podría ayudarnos a aprender, crecer, desarrollar, tomar riesgos, levantarse luego de caer en tropiezos, construir relaciones sanas, y básicamente hacer que todo sea grandioso en la vida. A esta idea tan simple se le llama mentalidad, la cual fue clasificada en dos tipos, llamados mentalidad fija y de crecimiento. Veamos a cada una de ellas.

Mentalidad fija

Personas con una mentalidad fija creen que sus características bases como la inteligencia o el talento son inamovibles. No puedes alterarlas porque son fijas.

Personas con una mentalidad fija gastan sus recursos documentando y grabando sus características básicas en lugar de tratar de mejorarlas, ya que no creen que estas puedan mejorar. Personas con mentalidad fija también son aquellos que creen que el éxito solo está ligado al talento.

La creencia de que tu inteligencia y talento son características fijas crea un sentido de urgencia continua para probarte a ti mismo. La lógica de la gente con mentalidad fija suele ser algo así: "Si solo tengo cierta cantidad definida de características y cosas que me definen, debo probarle al mundo que con eso basta. No quiero verme o sentirme inadecuada" Esta manera de procesar el pensamiento construye presión y estrés que trabaja y entrega resultados, razón por la cual individuos con mentalidad fija se preocupan mucho por los resultados en lugar de aprender y crecer.

Estos individuos están tan hundidos en alcanzar el objetivo de probarse a sí mismos a través de la validación en todo lo que hagan que olvidan que la vida es mucho más dinámica de lo que ellos piensan.

Se atoran en una pequeña cosa y piensan que su mentalidad fija es todo su mundo. Además, sus inseguridades nublan cada situación en sus vidas:

- ¿Tendré éxito o voy a fracasar?

- ¿Ganaré o perderé?

- ¿Me veré tonto o me veré inteligente?

- ¿Seré rechazado o aceptado?

La mentalidad de crecimiento

Las personas con una mentalidad de crecimiento son aquellas que piensan exactamente lo opuesto a los individuos de mentalidad fija.

Una persona con mentalidad de crecimiento cree que él o ella puede mejorar sus habilidades básicas con trabajo duro y dedicación. El talento y la inteligencia son solo los puntos de partida.

Incluso cuando dos personas comenzaron desde dos puntos distintos, quien empezó en desventaja puede rebasar a quien llevaba la delantera, dado que él o ella puedan trabajar más duro y tener más dedicación entre los dos. Personas con una mentalidad de crecimiento poseen una gran resiliencia y tienen mucho amor por el aprendizaje y crecimiento personal. Una mentalidad en crecimiento es definitivamente aquella de quienes alcanzan sus logros.

En lugar de ser como la rana que dice proverbios en un pozo, las personas con una mentalidad de crecimiento creen que todo es propenso a la mutación y la expansión. Este acercamiento abre todo un mundo de oportunidades para estas personas. Su creencia de que todos en este mundo pueden crecer y cambiar a través del aprendizaje, experiencia y la aplicación los empodera para que cambien su perspectiva de éxito y felicidad de maneras nunca antes vistas. Ellos son quienes pueden traer cambios revolucionarios y positivos en sus vidas así como en la sociedad.

La autocompasión y la mentalidad de crecimiento

Muchos de nosotros tenemos miedo de la autocompasión porque creemos que se interpone en el camino de la ambición; Sin embargo, esto no parece ser lo que la investigación comprueba. Múltiples estudios han demostrado que personas auto-compasivas pueden ser tan ambiciosas como las personas que carecen de auto-compasión. La única diferencia radica en que quienes no tienen auto-compasión se ahogan en el autocriticismo.

Adicionalmente, estos estudios investigativos muestran que las personas compasivas son más propensas a implementar planes orientados en logros que los autocríticos porque el crecimiento personal es una parte importante de la autocompasión.

Estas personas se amaron lo suficiente para trabajar en su propio beneficio físico, mental y emocional al igual que en su éxito.

Ahora, las personas con mentalidad de crecimiento tienen metas de aprendizaje (que son motivadores intrínsecos), y aquellos con mentalidad fija tienen logros de desempeño (que son motivadores extrínsecos). Los motivadores intrínsecos son más probables a ser sostenibles hasta que se alcance el éxito, mientras que los motivadores extrínsecos tienden a perder vapor cuando los resultados deseados en formas materiales no se ven por ninguna parte.

Personas con una mentalidad de crecimiento no tienen miedo de equivocarse y por ello, están más dispuestos a tomar riesgos que las personas con mentalidad fija. Por lo tanto, una persona auto-compasiva con una mentalidad de crecimiento tiene probabilidades extremadamente altas de alcanzar sus logros y tener una vida feliz.

Creando una mentalidad de crecimiento

Si puedes hacer una maravilla por ti misma con una mentalidad de crecimiento, entonces tiene sentido invertir un poco de tiempo y energía en desarrollar esta habilidad clave. Aquí hay algunos consejos que te serán de mucha ayuda:

No estás obligado a justificar todo. Un gran desalentador de que cambiemos quienes somos para mejorar es la necesidad de justificar todo lo que hacemos a los demás que nos rodean. El deseo de tener que justificar todo puede ser instigado por otras personas, fuera de ti; Sin embargo, recuerda que su raíz yace en ti y en tu inhabilidad para romper con el molde de la mentalidad fija.

Cada vez que quieras cambiar, lo primero que debes hacer es estar segura de que quieres hacerlo. Entiende por qué necesitas hacerlo y asegúrate de que tu propósito está claro. Una vez que hayas aclarado tu mente, debes seguir adelante y ponte en acción.

No necesitas justificar ninguna de tus acciones, salvo con "Porque yo quiero." Aquí hay otras razones por las cuales la necesidad de justificar realmente no se justifica:

- **Está perfectamente bien ponerte a ti primero.** Si no te amas ni muestras compasión por ti mismo primero, nadie más lo hará por ti. Tú eres primordial en tu vida, y tus elecciones de vida son tu prerrogativa. Mientras tus decisiones no se crucen con el espacio personal de alguien más, es perfectamente válido ponerte a ti antes que a los demás porque no hay nadie más que será más leal a ti que ti mismo.

- **Tienes derecho a comportarte asertivamente.** Un simple sí o no asertivo es suficiente para que las personas conozcan tus decisiones. No hay necesidad de dar razones detalladas por tus elecciones y decisiones. Tienes derecho a comportarte asertivamente.

- **La necesidad de justificarte puede motivar comportamientos pretenciosos y sentimientos de victimización.** La necesidad innecesaria por justificarte te lleva a inventar razones para tu comportamiento que probablemente no sean ciertas. Manteniendo estas pretensiones hace mucho más difícil que seas fiel a tus decisiones que antes. Además, tener que justificar cada cosa que hagas te hace sentir como una víctima, y eso no es bueno para tu salud mental y emocional.

Así que deja de buscar aprobación de cualquiera que no seas tú misma. Cuando crees que la aprobación externa es más importante que aprender y crecer, tu crecimiento será estropeado. Y estarás efectivamente sacrificando tus oportunidades de alcanzar tu potencial máximo.

Encuéntrate con nuevas personas. Sal y encuentra a nuevas personas con quienes nunca te has encontrado. Interactuando y haciendo contacto con nuevas personas te da oportunidades para nuevas perspectivas y pensamientos-quizá distintos e incluso contrarios a tus ideas.

El truco no está en enfocarse en el conflicto de emociones que llega cuando se te presenta una manera de ver distinta a la tuya. En vez de eso, es importante tratar de entender esta nueva idea que se presenta ante ti y que analices si vale el mérito.

Encontrarte y conectar con personas nuevas trae frescura a tu vida y estimula tu sentido de **aventura** y creatividad. Aquí hay unas sugerencias para ayudarte a conocer nuevas personas y hacerte amigo de ellas:

- **Supera tu timidez y miedo de conocer a nuevas personas**. Recuerda que estos sentimientos negativos solo están en tu cabeza. Otros no tienen el tiempo o la energía para preocuparse sobre cómo te ves o la impresión que das mientras no sea algo extraño y raro. Un simple hola o algo es suficiente para entablar una conversación con cualquiera. Muchas otras veces, ser bueno escuchando es suficiente para encontrarte y crear una conexión con nuevas personas.

- **Puedes comenzar reconectando con personas que ya conozcas**. Muchos conocidos se mantienen como parte de nuestras vidas. Nos los hemos encontrado un par de veces y luego perdemos contacto. Recuerda algunos con quienes te sientes cómodo e intenta reconectar. Una vez que reconstruyas confianza, continúa con nuevas personas, incluyendo completos extraños.

- **Sal al exterior.** Para encontrarte con nuevas personas. Tienes que salir al exterior. No puedes quedarte atorado dentro. Únete a talleres, atiende conferencias, ve a fiestas, únete a cursos, etc.

Mantén una mente abierta y evita una actitud que juzgue todo. Toma todo en la conversación con valor incluso si no tiene sentido en ese momento. Después, cuando estés sola, puedes recordar la conversación e intentar desmenuzar más capas de esas partes que te intrigaron.

Ya para este punto, podrás ver que ideas son diferentes a las tuyas y analizarlas sin juzgar.

Después de todo, puedes hacer nuevas amistades y construir tu círculo social solo cuando estás dispuesto a ver todas las perspectivas en cualquier clase de situación.

Si tienes derecho a comportarte asertivamente no olvides que otros también están en su derecho de serlo.

No dudes en soñar. Cada nueva invención, aventura, historia, arte y todos los demás logros invariablemente comienzan con un sueño. No te limites ni tampoco a tus logros en tu sueño. Tus sueños representan a tu yo creativo y cuando tomas con brazos abiertos este aspecto de tu personalidad, encuentras nuevas oportunidades de crecimiento. Tu mentalidad fija se deshará al encontrarse con tal oposición creativa. Aquí hay algunas maneras en las que los sueños le añaden mucho valor a tus sueños:

- **Hacen que incluso tus días malos valgan la pena.** Incluso cuando estás luchando en los días difíciles (o mejor dicho, especialmente en los tiempos difíciles) tus sueños harán que valga la pena. Tus sueños son la razón por la cual te levantas cada mañana, listo para aceptar los retos de tu vida.

- **Tendrás una conexión con otros soñadores.** Cuando tus sueños te motivan, es fácil conectar con otros soñadores. Mientras más conectes con gente, más desarrollas una mentalidad de crecimiento.

- **Solo tú puedes soñar lo que quieres, nadie más lo hará.** Esta es la verdad absoluta. Nadie más va a soñar por ti. Solo tú puedes.

Por esto, no dudes en soñar, y deja que tu mentalidad cambie de fija a la de crecimiento.

No te obsesiones con la perfección. Obsesionarse con el perfeccionismo es uno de los obstáculos más grandes al construir una mentalidad de crecimiento.

Por ello, mejor acepta y envuélvete en tus imperfecciones con amor, y estate preparado para aprender de tus errores.

Haz lo mejor que puedas en cada momento dado. Pero no dejes que tu obsesión por dar lo mejor de ti te detenga de aprender, crecer y alcanzar el éxito.

Cuando aceptas tus imperfecciones, dejas ir tu actitud que juzga tanto. Estás feliz de haber dado lo mejor de ti a esas alturas.

El camino del aprendizaje es más importante que el resultado. Una persona con mentalidad fija es probable que haya evitado hacer algo porque él o ella estaba asustado de las consecuencias del resultado. Esta es la razón por la que las personas de mentalidad fija tienen dificultad para aprender.

Si temes al fracaso, recuerda este importante principio: El camino es mucho más importante que el destino. Cada paso que das en el camino tiene un aprendizaje y crecimiento que ofrecer, y es en lo que te debes de enfocar, no solo en el resultado.

Cualquiera que sea el resultado final, tus esfuerzos en el camino del aprendizaje nunca serán desperdiciados.

Cuando sientas miedo de intentar algo que has estado evitando hasta ahora, pregúntate esto: "¿Es importante que sea bueno en algo siempre para que intente algo?"

La respuesta a esto será un empático no. No tienes que ser bueno en algo antes de intentarlo. Cuando intentas y reintentas, es cuando te vuelves bueno.

De hecho, cuando te enfocas excesivamente en el resultado en vez del camino, eres más propenso a rendirte instantáneamente y tirar todo tu esfuerzo por la borda si por alguna razón válida tu viaje al destino final se extiende. Cuando te enfocas en el camino entonces no te preocupas si te toma más de lo que esperabas en un principio.

Por lo tanto, evitar caer en el hoyo de los miedos al resultado. En su lugar, concéntrate en el camino.

Intenta una cosa nueva cada día. Mientras más intentes aprender cosas nuevas, más se desarrollará tu mentalidad de crecimiento porque depende totalmente de tu aprendizaje. Comprométete a aprender algo nuevo cada día, solo una cosa. No tiene que ser algo espectacular necesariamente. Puede tratarse de algo tan simple como una nueva palabra cada día.

Si tú persistes en tu compromiso, puedes aprender hasta 365 nuevas palabras para cuando el año termine.

Además, mientras aprendes cosas nuevas, las oportunidades para encontrar tu verdadera pasión se aumentarán fenomenalmente. Mientras más aprendes, más segura te vuelves sobre cosas que definitivamente ya no quieres intentar más porque no te interesan en lo absoluto. Del mismo modo, encontrarás cosas que te interesan y cuando te adentres profundamente en esos elementos, encontrarás tu verdadera vocación.

Trabaja para construir esta mentalidad de crecimiento; te empoderará para que tomes nuevos retos porque te estás enfocando en aprender y divertirte en el camino en vez de enfocarte en el resultado. Tener una mentalidad de crecimiento no te garantiza la inexistencia de días difíciles. Pero te da la munición necesaria para navegar por los días difíciles sin mucho problema.

Con una mentalidad de crecimiento, aceptas que las cosas saldrán mal, y aun así perseveras porque sabes que intentar es la única forma de que las cosas salgan bien incluso si vienen luego de algunos errores y equivocaciones. Cuando te equivocas, tu concentración se enfoca en hallar soluciones en vez de arrepentirte excesivamente por haber perdido.

Una mentalidad de crecimiento te enseña que fallar en una tarea no te hace un fracaso; este es un componente esencial para la auto-compasión también. Con una mentalidad de crecimiento y una actitud autocompasiva puedes tener una vida más sana, feliz y mucho más plena que antes. Vale la pena el invertir en recursos para desarrollar esta habilidad.

Capítulo 5: Aceptación

La bondad hacia ti

Y como en todas las historias de amor, Nuestra relación con nosotros mismos tiene sus altas y sus bajas. En los días cuando nuestra autoestima es alta, nos amamos y en los días cuando nuestra autoestima es baja, no nos amamos. Ese es el problema de la competencia sobre la autoestima moderna. Una alternativa a esto es la auto-compasión, que comienza con la aceptación y con la bondad hacia uno mismo.

Vamos a profundizar a detalle estos dos aspectos críticos de la auto-compasión.

Aceptación de uno mismo

Escuchando y prestando atención a tu voz interna es indudablemente el paso primario para distanciarnos de la autocrítica y el juicio propio. Este acercamiento de escuchar a nuestras voces internas es de lo que se trata la aceptación.

La aceptación de uno mismo es difícil de conseguir para la mayoría de las personas en este mundo lleno de estrés donde todos son parte de una gran competencia. La aceptación de uno mismo es muy frágil, como un vaso agrietado listo para deshacerse en pedazos con la más mínima tensión. En los días que cometemos errores nos sentimos terribles con nosotros mismos y pensamos lo peor de nosotros.

Lo bueno de la aceptación de uno mismo es que puede ser aprendida y nutrida. Aquí hay algunas sugerencias que te ayudarán en este camino de aprendizaje.

Establece una intención clara. Comienza tu viaje de aceptación con una intención clara y nada ambigua de cambiar el paradigma. Establece una intención de cambiar tu manera de procesar los pensamientos de un mundo de culpa, criticismo y duda a un mundo de aceptación, confianza, permisividad y tolerancia.

Cuando estableces dicha intención, estás aceptando que un camino de auto-odio no te llevará a ser feliz. Esta intención reitera la verdad en tu mente de que la aceptación de uno mismo es el camino hacia una vida de paz, felicidad, y plenitud.

Celebra tus logros y fortalezas. Es normal que muchos de nosotros tengamos excelentes memorias de nuestros fracasos y momentos tristes y memorias borrosas de nuestros logros y momentos felices. Las personas cargan con el peso de sentirse inservibles, indignos, etc. Y se rehúsan a dejar de cargar con él o al menos reducir el peso.

Una gran manera de contrarrestar esta carga por la ausencia de valor propio es escribir tus logros y aciertos.

Si tienes un problema con esto, empieza escribiendo un logro pequeño. No te preocupes por qué tan pequeño pueda parecer. Solo escríbelo y siéntete bien por ello.

Puedes empezar con algo tan aparentemente sencillo como "soy una buena persona" o "ayudaré a los demás siempre que pueda". Pronto te darás cuenta de lo fácil que es añadir inteligencia, encanto, habilidad de articulación, y cualquier otra cosa que puedas encontrar sobre ti misma. El primer paso siempre es el paso más difícil. Una vez que la puerta se abra, el camino se creará solo.

En adición a tus logros, enlista todos los problemas con los que te hayas encontrado y cómo los superaste, las metas que alcanzaste, las conexiones importantes que hayas hecho para ti, y todas las cosas buenas que te han pasado en la vida. Mantén esta lista preparada para cada vez que seas asaltada por la duda, tienes esta munición pesada para acabar con tus pensamientos negativos.

Re-evalúa a las personas en tu vida. Mira de cerca a las personas que te rodean.

¿Qué clase de personas son? ¿Acaso llenan tu corazón y mente con pláticas negativas? ¿Refuerzan tus sentimientos negativos? Si la respuesta es sí, ¿Por qué permites que te hagan esto? ¿Vale la pena darles esta clase de libertad? ¿Te están usando para hacer su trabajo sucio?

Encuentra las respuestas a estas preguntas. Pueden parecer brutales, pero las respuestas a estas preguntas abrirán tu corazón y tu mente hacia tu verdadera personalidad y tu yo y empoderarte a aceptarte más que antes. Algunas respuestas y problemas pueden no tener una solución realmente, pero enfrentarse a la verdad te empoderará a mejorar tu aceptación de uno mismo.

Crea un sistema de apoyo fuerte para ti. Intenta mantener a todas las personas negativas que puedas fuera de tu vida. Construye un sistema de apoyo que consista de las personas que te echan porras y te recuerdan tus fuerzas y están listas para darte una retroalimentación honesta sin endulzarla. De nuevo, por mal educadas que puedan parecer, personas así de honestas que en verdad te aman encontrarán el balance correcto para ayudarte en situaciones difíciles.

Identifica a estas personas y crea un grupo de apoyo fuerte para ti. Lo bueno de este sistema de apoyo es que tú también estarás ahí para los demás en el grupo cuando te necesiten. Cuando ves y escuchas los problemas de otros, la realidad compartida de la humanidad se vuelve cada vez más palpable y tu habilidad para la autocompasión mejora.

Vigila tu voz interna crítica. ¿Recuerdas a esa voz interna crítica que siempre te habla y te susurra sobre tu poca fuerza, habilidades y todos los demás aspectos negativos? Eliminar esta voz por completo es algo que podría no suceder. De hecho, puede que no sea bueno deshacerse de ella del todo por miedo a la potencial arrogancia y ego elevado que pueden arruinar tu vida.

Sin embargo, es imperativo que tengas cuidado con esta voz. No dejes que te desanime. Razona con ella usando golpes positivos para contrarrestar sus pensamientos y emociones negativas. No asumas que todo lo que te dice la voz interna crítica es la verdad absoluta. Cuestiona, y pon la voz en duda de sí misma.

Esta clase de acercamiento balanceado a tanto tu voz interna crítica como tu voz interna apreciativa ayudará para que veas las cosas en la perspectiva correcta.

Pero definitivamente no te dejes llevar por su duro y crítico juicio hacia ti. Siléncialo sin piedad durante estos momentos. Usa afirmaciones positivas y otros tipos de recitaciones de mantras para llevar tu enfoque fuera de la voz interna crítica en tu cabeza. Puedes decir cosas como, "Soy humana y estoy haciendo lo mejor que puedo. No puedo evitar cometer errores. Es parte de ser humano."

Perdónate por tus errores. Todos nos equivocamos. Muchos de nosotros somos culpables de uno o más de los siguientes errores:

- Hacer cosas en el pasado de las que no estamos orgullosos ahora.

- No levantarse para enfrentarse a alguien y dejar que la persona nos obligue a realizar tareas nada placenteras.

- Perder oportunidades porque teníamos demasiado miedo al fracaso.

- No seguir nuestros planes para alcanzar nuestros logros y nuestros deseos.

Recuerda, tus errores y fallas son el sello de tu humanidad. Ellos refuerzan tu humanidad que es un componente esencial para sentir una conexión con los demás.

Una importante razón para aprender a perdonarte es que arrepentimientos no resueltos del pasado tienen el poder de evitar que sigamos adelante. El perdón a uno mismo ayuda a remover los obstáculos de los arrepentimientos del pasado, despejando el camino para el viaje que se avecina.

Otro elemento clave para recordar cuando sientes remordimiento por reflexionar sobre ciertas decisiones pasadas es este: Cada uno de nosotros toma las mejores decisiones basándonos en lo que podemos ver y entender en ese punto del tiempo.

Reflexionar puede mostrarnos una imagen distinta dependiendo del resultado. En perspectiva, las cosas se verán diferentes y no puedes culparte por no ser capaz de ver cosas a futuro al momento de tomar una decisión.

Por lo tanto, no mires atrás para arrepentirte de tus decisiones. Mira atrás solo para aprender de tus errores. Perdónate por ellos y luego sigue adelante.

Deja ir tus sueños sin realizar. Todos nosotros tenemos sueños no realizados de nuestra infancia que se ponen en el camino de nuestra aceptación propia. Necesitamos darnos cuenta y aceptar que los sueños idealizados de nuestra infancia no eran realistas, razón por la cual, quizá, no se mantuvieron.

Por ello, en lugar de permitirle a problemas no resueltos convertirse en obstáculos en tu camino de vida, llorarlos y déjalos ir. No añadas más peso a tu vida.

Aprende que la aceptación no significa poner a un lado tus deseos de hacer cambios positivos. Un gran detractor de la aceptación propia es la idea errónea de que la aceptación de uno mismo significa que los pensamientos aceptados se vuelven parte de la personalidad como piedra tallada.

No, no se trata de eso la aceptación de uno mismo. No significa que te rindas ante tus debilidades. Solo es un punto de partida para traer cambios positivos en tu vida.

Con la aceptación, viene el conocimiento de los elementos que puedes controlar y los que no puedes controlar. Cuando disciernes estos elementos, entonces puedes concentrar tus energías en las cosas que puedes controlar y empezar el ciclo de transformación en tu vida.

Y finalmente, recuerda que cuando empieces tu viaje de aceptación propia, se sentirá raro y extraño, más que nada debido a su poca familiaridad. No te sientas desanimado por esto. Persiste en ello incluso si parece falso. Una vez que tu corazón y mente acepten en verdad tu verdadero ser, entonces la falsedad desaparecerá.

Bondad a uno mismo

Una vez que hayas aprendido a aceptarte de la manera que eres, el siguiente paso es tratarte con bondad y amabilidad, especialmente en los aspectos negativos y las partes de ti que no te gusten. Aquí hay algunas sugerencias para la bondad propia.

Invierte en ti. Pasa unos pocos minutos de cada día estando sola y disfrutando de tu propia compañía. Otro capítulo en este libro trata sobre el tiempo para ti con un poco más de detalle. Sin embargo, aquí hay un pequeño consejo para que comiences en ello.

Pasa unos quince o veinte minutos en la mañana antes de irte a la cama haciendo cosas solo para ti mismo. Realiza actividades que se enfoquen solo en ti. Puedes leer, escuchar música, meditar, o hacer cualquier cosa que no solo te ayude a sentirte mejor sino que mejore tu entendimiento propio.

Aprende a discernir criticismo útil. Críticas de todo tipo van a seguirte desde cada esquina.

Además de tu voz interna crítica, personas a tu alrededor añadirán su parte sobre lo que piensan de ti y tu trabajo. Aprendiendo a diferenciar entre retroalimentación negativa inservible y criticismo útil basado en mejoría es esencial para mantener tu cordura.

Una pregunta que debes hacerte cuando eres bombardeada con retroalimentación negativa es esta: "¿Cuál es la excepción a esto?" Esta pregunta cambiará la dirección de tu locomotora de pensamiento y moverla de negatividad excesiva a ver las cosas en la perspectiva correcta. Por ejemplo, si eres estudiante y piensas (o alguien te dice) que no te está yendo bien en la escuela, entonces encuentra los hechos e información que contradicen esta idea.

Cuando cuestionas el resultado y encuentras la excepción de la perspectiva negativa, entonces encontramos que el criticismo tiene muy poco o nada de valor.

Por ejemplo, podrías darte cuenta de que te está yendo muy bien con las matemáticas y la ciencia pero necesitas trabajar en tu habilidad para idiomas. Lo principal es que tú tengas una perspectiva balanceada de la situación, que se acerque más a la verdad que a la típica charla negativa.

Desarrolla un mediador interno. Así como tienes críticos siguiéndote por donde quiera que vayas en el mundo exterior, hay ciertos mediadores que te defienden, ¿cierto? Todos nosotros tenemos defensores que pelean y nos defienden. Algunos de nosotros podríamos tener muchos mediadores mientras que otros de nosotros pueden tener un puñado, pero al menos cuentan con uno.

Del mismo modo, desarrolla un mediador interno para que te defienda de ese crítico interno que nunca se aparta de tu lado. Crea a esta voz interna y prepárate para defenderte de las burlas o ridiculizaciones del crítico interno.

Añade algo de color a tu mediador interno. Dale a él o ella un traje de Armani y un sofisticado maletín de cuero que contenga todos tus logros listos para ser presentados ante un juicio.

Dedica dos minutos cada mañana a la apreciación propia. Mejora tu imagen propia dedicando dos minutos cada mañana para apreciarte a ti misma. Haz una lista de las tres cosas que más aprecias sobre ti. Podrías usar un diario físico o un bloc de notas en tu celular. Escribe las respuestas a esta pregunta: "¿Qué son las cosas que aprecio de mí?" La respuesta podría ser similar a las siguientes:

- Soy muy bueno o buena escuchando.

- Las personas vienen a mí con sus problemas y se sienten iluminados luego de hablar conmigo.

- Puedo cantar muy bien.

- Soy muy buena para hacer presentaciones.

Recuerda que estos puntos auto-apreciativos no tienen que ser algo grandioso o enorme.

Podrían ser cosas pequeñas porque estas cosas sencillas son un aditivo que hace que tu vida sea próspera y bella. "Pequeñas gotas hacen a un poderoso océano" es un cliché pero también una verdad atemporal.

Haz algo lindo para ti si tu día terminó siendo uno promedio. En realidad, muchos de nuestros días terminan siendo mediocres. Algunos días pueden ser deprimentes también. En dichos días, puedes hacer algo lindo para que tengas un respiro de optimismo en tu vida. Si no quieres hacerlo como un ejercicio diario, puedes hacerlo una vez por semana. Aquí hay otras ideas que podrían ayudarte para añadir algo de positividad en tu vida:

- Investiga (o agenda) un viaje que quieras tomar.

- Ten una cena o café con un buen amigo.

- Investiga maneras en las que puedes crecer en tu carrera. Averigua sobre talleres y cursos que podrían añadirle valor a tu perfil de trabajo y consigue esa promoción.

- Comienza un nuevo hobby.

Cuando te encuentres con la decepción, sé tu mejor amigo. Cuando fallas o cometes errores y sientes la necesidad de ser dura contigo misma, detente por un momento y pregúntate esto: "Si mi mejor amigo o amiga estuviera en esta posición, ¿cómo lo o la consolaría?"

Trátate de la misma manera que visualizaste tratar a tu amigo. No te des contra la pared innecesariamente. Mira a las lecciones tan objetivamente como puedas. Y claro, date un tiempo para lamentar tu pérdida o tu dolor. Pero después sal de esa actitud para que puedas seguir adelante. Hay mejores cosas esperándote.

Encuentra el balance entre aceptación propia y mejoría propia. La aceptación propia no significa que te des por vencida ante tus debilidades; Sin embargo, la bondad propia también significa que debes reconocer tu verdadero potencial. Sueña sobre lo que quieres ser y persigue tus sueños para mejorar tus habilidades.

Sin embargo, recuerda que no te debes atorar en la rutina de nunca estar satisfecha o contenta por alcanzar tus logros. Debes reconocer la delgada línea que separa la aceptación propia de la urgencia por mejoría propia. Así que aprende a ser buena contigo misma y sé feliz con tus logros incluso mientras aspiras a ser mejor. Encontrar este equilibrio puede ser todo un reto. Pero una vez que lo entiendas, tu vida será más significativa y feliz que antes porque en verdad te encontraste a ti y a tu potencial.

Demuestra bondad a los demás también. Si cómo te tratas a ti decide cómo te tratan los demás, el cómo tratas a otros es un reflejo de cómo te tratas a ti. Por lo tanto, demostrar bondad a las personas con quienes interactúas ayuda a incrementar tu bondad propia. Aquí hay algunos ejemplos para que entiendas mejor:

- Dejar que alguien te rebase mientras manejas.

- Decir palabras alentadoras a un familiar o amigo que no está seguro o no se siente motivado.

- Ofrece tu hombro para alguien que necesita llorar.

Pasa un tiempo riendo. No hay nada como la risa para establecer tus actitudes. Tómate un descanso de cinco a quince minutos en medio de tu día caótico para reírte sobre algo. Ve un video o clip gracioso. Lee un chiste o una historieta. Escucha un podcast que pueda multiplicar tus risas.

Alternativamente, puedes tener un amigo ingenioso que pueda provocar risas como ningún otro que conozcas.

Pasa un tiempo con esta persona. Reírse es una grandiosa manera de acabar con el estrés, y en la ausencia del estrés, eres más propenso a sentirte más bondadoso hacia otros y hacia ti.

Respétate. El respeto propio no significa ponerte en un pedestal. Solo significa que eliges valorarte sin pasarle esta tarea a alguien más. Aprende a confiar en ti y en tu habilidad para formar opiniones objetivas. No te compares con nadie más.

El respeto propio también implica cumplir las promesas que te haces a ti misma. Así que, por ejemplo, si te prometiste comenzar a ejercitar desde hoy, hazlo desde hoy.

No te quedes atorado en pensamientos basura repetitivos. Recuérdate que el pasado ya se fue y que no hay nada que puedas hacer al respecto ahora. Pero, puedes usar las lecciones de errores pasados y usar el poder del momento presente para crear un futuro bello para ti. Deja de atorarte en pensamientos repetitivos inservibles que pueden no ser relevantes ahora.

En cambio, piensa en lo que quieres ser o hacer en el futuro e identifica las maneras para hacerlo.

- Quieres crecer en tu carrera?

- Te ves en una carrera completamente distinta?

- Quieres tener una gran relación duradera?

- Quieres enfrentarte a más desafíos?

Una vez que tengas las respuestas a las preguntas de arriba, piensa en uno o dos pasos pequeños que puedes tomar hoy para alcanzar estos logros y deseos. Toma ese pequeño paso hoy, luego sigue con un segundo paso y así sucesivamente.

Y finalmente pero no menos importante, cuida bien de ti misma. Aliméntate sanamente, haz ejercicio regularmente, duerme lo suficiente y encuentra formas para desestresarte con regularidad. Adicionalmente, cuida bien de ti. Asegúrate de que uses un atuendo bueno y presentable. Construye tu autoestima y ámate con todas tus fuerzas.

Capítulo 6: Un respiro para la autocompasión

Las personas que carecen de auto-compasión pueden ver el tiempo para 'mí' como algo más doloroso que la muerte y la enfermedad. Si eres alguien que va de aquí para allá en los pasillos de tu apartamento cuando estás sola porque no sabes cómo ser feliz en tu propia compañía, entonces eres muy propensa a ser una persona que necesita lecciones de auto-compasión.

Sin embargo, no te angusties porque muchas personas tienen este problema con pasar tiempo felizmente consigo mismos. Especialmente en el ambiente altamente conectado en el que vivimos hoy, el tiempo para mí es casi inexistente y muy pronto, la raza humana podría alcanzar una etapa en la que este concepto de querer estar solo será un desorden que necesite tratamiento.

Antes de que nuestra raza alcance ese desafortunado estado, aprende el arte del tiempo para 'mí' y ve la alegría y energía que sientes luego de conectar contigo misma.

Otra razón por la que tememos estar solos es que realmente no entendemos nuestros pensamientos o siquiera queremos entender nuestros pensamientos.

Tenemos miedo de que nuestras mentes arderán si estamos solos y no tenemos nada que hacer ni a nadie con quién hablar. La mayoría de las personas luchan por estar solas porque se sienten incómodas con sus pensamientos. Ellos piensan que si siguen moviéndose y se mantienen comprometidos con actividades y otras cosas entonces no tendrán que lidiar con sus pensamientos.

No temas al tiempo para mí

Si eres alguien que odia estar sola, entonces aquí hay algunas sugerencias para ayudarte a sobrepasar el miedo al tiempo para 'mí' y lento pero seguro aprenderás a amarlo también.

Identifica la causa raíz de tu miedo. ¿De dónde viene tu incomodidad por la soledad?

¿Tienes miedo de sentirte sola, o se trata de algo más?

Si se trata de miedo a la soledad, ¿puedes conectarlo con algún problema no resuelto del pasado? Sin importar que tan doloroso pueda parecer, es importante descubrir la causa raíz de tu miedo a la soledad. El proceso puede ser doloroso, pero la experiencia será liberadora y te encontrarás manejando los retos de la vida de un modo mucho mejor que antes.

Solo quédate sola. Muchas veces, cuando somos asaltados por limitaciones autoimpuestas y pensamientos negativos, una de las mejores cosas para hacer es simplemente sumergirse e invariablemente la negatividad se ahogará en la acción.

El sentimiento es similar a saltar directamente hacia una piscina a pesar de saber que está fría. Pero una vez dentro, el frío simplemente desaparece, ¿verdad? Lo mismo puede suceder aquí también.

Un día solo cierra la puerta de tu habitación, apaga tu teléfono celular y simplemente siéntate en tu cama con nada que hacer más que estar sola. Encontrarás que el miedo a la soledad se disipará.

Mejora tus relaciones. ¿Suena extraño y contraintuitivo el estar sola? Pues, en realidad no. La fuerza de tus relaciones habla volúmenes de tu capacidad para pasar tiempo productiva y felizmente sola. Si tus relaciones carecen de profundidad y fuerza, esto podría darte inseguridad en tu tiempo a solas porque temes que si necesitas ayuda, no tienes en quién confiar.

Así que si construyes y profundizas tus relaciones, entonces el poder de saber que la ayuda está a tan solo una llamada te dará la fuerza para estar sola contigo misma. Tu miedo a la soledad puede basarse en la falta de relaciones fuertes. Por lo tanto, cuando construyes relaciones fuertes, eres propensa a tener menos miedo a sentirte sola cuando estés sola.

Recuérdate las ventajas del tiempo para 'mí'. Hay múltiples ventajas comprobadas del tiempo para 'mí', algunas de las cuales están enlistadas en la sección que viene.

Si te sientes continuamente desanimado o desanimada por miedo o aburrimiento a pasar tiempo a solas, entonces recuérdate de los múltiples beneficios que puedes obtener.

Busca ayuda profesional. Pasando a través de todos estos procesos auto-exploratorios, si te das cuenta de que aún no has podido identificar la causa principal de tu incomodidad con la soledad, entonces no dudes en buscar ayuda profesional. Quizá, haya un problema más profundo de lo que crees.

El porqué del tiempo para mí

Múltiples estudios han demostrado la importancia del tiempo a solas. Aquí hay algunos beneficios irrefutables.

El tiempo para 'mí' mejora la empatía. Cuando pasas tiempo con amigos y familia es natural desarrollar una mentalidad de "nosotros contra ellos". Esta es una respuesta natural cuando las personas hablan juntas y forman un grupo exclusivo de ellas juntas. Así que las personas que no están en este grupo se convierten en "ellos" y quienes están dentro del grupo se vuelven "nosotros".

Durante tu tiempo a solas, este "círculo" que mantiene fuera a ciertas personas no existe. Tu mente permite a los pensamientos de todos entrar. Este acercamiento ayuda a construir empatía más que nunca.

El tiempo para mí mejora la productividad y eficiencia. Múltiples estudios han mostrado que las personas tienden a ser más productivas y eficientes cuando tienen algo de privacidad. Esta observación contradice mucho al esquema arquitectónico abierto en las áreas de trabajo modernas. Pero al parecer, el estar rodeado por personas y el sonido que las acompaña tiene el potencial de reducir la productividad de los trabajadores.

El tiempo para mí dispara la creatividad. Otra razón para aislarte del ruido y las personas distractoras es que el tiempo para 'mí' dispara y enciende tu creatividad. Esta es una de las razones por las cuales artistas, escritores, etc. tienden a irse a cabañas en el bosque lejos de toda conectividad para encontrar la soledad total. Ellos necesitan de su creatividad al tope para producir su mejor trabajo hasta el momento.

Tiempo para mí mejora la fuerza mental. Aunque los seres humanos somos criaturas sociales que necesitan conexiones sociales para prosperar, estudios han demostrado que el tiempo para mí podría ser igual de importante. Investigaciones han probado que las personas que disfrutan su tiempo a solas son capaces de ser más felices y satisfechos, y ellos tienen mejores habilidades para manejar su estrés que las personas que no disfrutan estar solas. De igual forma las personas que disfrutan su soledad no se deprimen fácilmente.

El tiempo para mí mejora el comportamiento infantil. Cuando pasas algo de tiempo contigo a solas, estás enseñando a los niños que la soledad es algo bueno y que puede usarse para manejar emociones negativas. Los niños tienden a usar esta lección cuando están batallando con problemas de amigos y otras complicaciones en la escuela y su comunidad en vez de usar comportamiento grosero y romper reglas. Por ello, pasar tiempo a solas da un ejemplo a seguir positivo para los niños.

El tiempo para 'mí' es una excelente oportunidad para hacer tus planes de vida. Pasamos mucho tiempo planeando nuestras bodas, vacaciones, fiestas, etc. Pero difícilmente pasamos tiempo planeando cómo vamos a hacer de nuestras vidas lo mejor. Tiempo para mí ofrece una excelente oportunidad para esto. Pasar tiempo contigo misma te da la oportunidad de pensar hacia dónde se dirige tu vida. ¿Los resultados potenciales se alinean con tus deseos? ¿Todo el esfuerzo y cargas de la vida, el estrés que vives, etc. valen la pena o no?

Tiempo para mí mejora el auto-entendimiento. Pasar tiempo a solas con tus pensamientos y emociones te da el tiempo necesario para entenderte mejor. Mientras más tiempo pases contigo, te podrás sentir más cómoda en tu propia piel. Adicionalmente, pensar por ti misma te empodera para que tomes decisiones fuera de la influencia de otras personas. Todo esto te ayudará para conocerte mejor que antes.

Por lo tanto, deja de dudar del poder del tiempo para 'mí' y trabaja hacia conectar mejor contigo misma. Aquí hay algunos consejos para ayudarte a hacerlo.

Pasando el tiempo para mí

Empieza despacio. Si eres una persona que tiene un problema con pasar tiempo a solas y el simple pensamiento de ello te pone los pelos de punta, entonces debes comenzar lentamente y paso a paso. No decidas pasar toda una hora sola o ver toda una serie de televisión sin parar y con nadie que te acompañe.

Comienza pasando unos quince minutos contigo misma. Incluso si suena terrorífico para ti, empieza con una sesión de meditación de cinco minutos solo para ti. Siéntate en silencio en un lugar privado. Enciende tu temporizador.

Cierra los ojos y vigila tu respiración. No hagas nada más que observar tu respiración. No intentes forzarte a respirar de un modo en particular. Simplemente observa tu respiración. Podrías contar tus respiraciones del uno al diez y después de regreso, del diez al uno.

Durante este periodo, si encuentras que tu mente se ha ido a un pensamiento aleatorio, sigue el pensamiento hasta que se detenga y luego trae de vuelta la atención hacia tu aliento. Eso es todo.

Abre tus ojos cuando el temporizador suene. Repite esto por un par de días y luego lentamente sube la duración por cinco minutos cada vez. Tarde o temprano, encontrarás que no solo te estás volviendo mejor con la meditación sino que también disfrutas cómo fluyen tus pensamientos.

Valídate a ti misma. No esperes que otros ofrezcan proveerte de su validación para cada cosa buena que hagas. Valídate a ti mismo o a ti misma. Sí, sería lindo recibir mensajes y notificaciones diciéndote lo bien que hiciste tu trabajo o lo grandioso que eres. Pero es irrealista el esperar esta clase de validaciones de los demás siempre. Al hacerlo, estás entregando el control de tu vida a alguien más, lo cual es muy contradictorio al concepto de la auto-compasión.

Además, ¿por qué necesitas validación externa? ¿Acaso es porque no confías en tu propia opinión? ¿O es porque no sabes cómo darte validez a ti misma? Entonces pasar tiempo a solas es la mejor manera de aprender a darte validez propia. Tómate un tiempo libre de aparatos electrónicos y adéntrate en ti.

La próxima vez que estés de vacaciones y tomes una foto de un buen momento, hazte la siguiente pregunta: "¿Esta foto es un recordatorio para mí o es para mostrarle a otros cuando vuelva a casa?".

Si tu respuesta es la segunda opción, entonces detente y no tomes la foto, o al menos, abstente de compartirla en cualquier plataforma de medios sociales.

Construye tu lista de pasatiempos. La mayoría de las personas no disfrutan pasar tiempo a solas porque se aburren o no saben qué hacer con ellos mismos. Aquí es cuando tener un pasatiempo será de inmensa ayuda. Explora nuevos hobbies. Usa el tiempo en silencio para leer, escuchar música, tocar un instrumento, tejer, pintar o hacer cualquier cosa que vayas a disfrutar. El tiempo para 'mí' es la oportunidad perfecta para explorar e intentar nuevos pasatiempos y actividades. Aquí hay algunos consejos para ayudarte a comenzar:

- Aprende a cocinar.

- Cómprate un libro de adultos para colorear y vuélvete loca con los colores.

- Escucha podcasts. Puedes aprender nuevos idiomas, escuchar a tu comediante favorito o aprender nuevas palabras.
- Sal a caminar a un monte.
- Practica tu caligrafía.
- Intenta la fotografía.
- Costura algo.
- Vuélvete una editora de Wikipedia.
- Medita.
- Únete a un club deportivo.
- Vuélvete 'gamer'.
- Inscríbete a clases en línea.

- Deja tu celular durante el tiempo para mí. Si has decidido pasar un tiempo contigo misma, entonces respétate y deja tu celular. Si estuvieras en una reunión importante en la oficina o si alguien acudiera a ti por ayuda, ¿pondrías tu celular a un lado y darías tu atención completa a la situación?

- Lo mismo es bueno para ti. Da toda tu atención a ti misma y deberías interactuar únicamente contigo. Tu teléfono no tiene lugar aquí. De hecho, a estas alturas del partido, tiene sentido darte algunas sugerencias sobre cómo pasar menos tiempo en tu teléfono:

- **Contabiliza la cantidad de tiempo que pasas en tu teléfono.** Hay muchas aplicaciones para esto. Descarga una de ellas y observa cómo esos pequeños números en WhatsApp y Facebook se aumentan para ser un número enorme. Podría mostrarte la realidad.

- **Establece restricciones para ti.** Si incluso después de ver la enorme cantidad de tiempo que pierdes, sigues pasando tiempo en tu teléfono, entonces comienza a ponerte restricciones. ¿Tal vez no más de dos horas al día? Empieza con algo realista y lentamente construye tu resistencia a menos tiempo en el celular y más tiempo de productividad.

- **Consigue un reloj alarma de verdad.** Tu teléfono podría ser un gran reloj alarma; Sin embargo, si lo mantienes bajo tu almohada y te asomas a verlo cada vez que escuchas el sonido de una notificación, entonces es momento de mantener tu celular lejos e invertir en un verdadero reloj alarma que te despertará solo una vez en la mañana y no a mitad de la noche.

Si los teléfonos pueden alterar tanto el sueño, imagina cómo pueden alterar el tiempo para mí. Por ello, no se permiten los teléfonos durante el tiempo para 'mí'.

Abre tu corazón para ti durante el tiempo para 'mí'. Recuerda, tú eres tu mejor amigo. No hay nadie que desee tu bienestar más ni mejor que tú. Por lo tanto, cuando estés sola, abre tu corazón a ti misma por completo y descaradamente. Puedes hacer lo que quieras y no habrá nadie quien te juzgue. Y cuando aprendas a no juzgarte, entonces la auto-compasión se agranda unos cuantos puntos. Ese es el poder del tiempo para 'mí'.

Sal de la ciudad. Solo empaca tus cosas, toma tus maletas y sal de la ciudad. Dirígete hacia un lugar lejano y pasa un tiempo a solas. Pasar tiempo a solas no significa quedarse en el interior de tu casa.

También podría significar irse en unas cortas vacaciones. Inscríbete a un campamento en las afueras por un fin de semana para caminar y escalar.

Alternativamente, toma una taza de café y busca una banca de algún parque cercano para sentarte en medio de la naturaleza y en silencio. O simplemente camina alrededor de tu oficina o casa. Esto también es parte del tiempo para 'mí'.

También puedes intentar salir de tu zona de confort e intentar algo que nunca hayas hecho antes. Por ejemplo, si piensas que tienes dos pies izquierdos a la hora de bailar, entonces únete a una clase de baile. O si piensas que te hacen falta habilidades de dibujo o de pintura, entonces únete a una clase de arte.

Pasa el tiempo para 'mí' productivamente, útilmente. Si odias tus quehaceres, entonces usa tu tiempo para mí para completar todos los quehaceres del hogar.

Reproduce tu música favorita al máximo volumen y anda a limpiar la cocina o tu habitación. Tu tiempo para mí está hecho y tu hogar/cuarto está impecable.

Alternativamente, puedes usar el tiempo para mí para practicar tocar el instrumento musical que has estado evitando por tanto tiempo. También podrías haber estado actualizando tu blog. Haz eso durante tu tiempo para 'mí'. Ve por ese trote semanal, o visita el spa local para darte un gustito. Termina todos los quehaceres que has pospuesto o casi olvidado en una lista de cosas por hacer.

Encuentra tu pasión. Lo mejor para el final. No hay nada que pueda ayudarte a disfrutar más de tu tiempo para mí que tu pasión. Por lo mismo, es importante que encuentres las cosas que te apasionan y que disfrutes hacer con todo tu corazón y tu alma.

Una vez que haces eso, pasar tiempo para 'mí' será muy sencillo. De hecho, si tu pasión se vuelve lo que haces para vivir, entonces la auto-compasión, la bondad-propia, conectar con otros, etc. simplemente vendrá con el paquete.

Sin embargo, descubrir tu pasión puede ser todo un reto porque uno no está seguro de que realmente puede ser su pasión a menos que uno lo intente. Entonces, ¿qué puedes intentar antes de decidir qué es tu pasión? Por eso identificar tu pasión o pasiones puede ser complicado. Aquí hay algunos consejos para ayudarte en el camino:

- **Comienza con el enfoque adecuado.** Si comienzas a explorar con duda en tu mente, las probabilidades de éxito se reducen automáticamente. Por ejemplo, si entras a una librería con pensamientos de duda y te dices que esta tienda es inservible y que no vas a encontrar nada que te guste, entonces la probabilidad de encontrar libros de tu elección será muy baja. Buscar tu pasión es similar en ese aspecto. Si comienzas la búsqueda con duda, no encontrarás tu pasión. Por lo tanto, comienza con el enfoque adecuado y podrás descubrir tu pasión. Mantén tu mente abierta a todas las posibilidades y oportunidades que estén disponibles para ti, y las cosas correctas pasarán.

- **Busca evidencia de las cosas que amas.** Una vez que tu mentalidad es la correcta, entonces empieza a buscar evidencia que te apunte a la dirección correcta. Vas a identificar y recordar experiencias de vida que te marcaron y que disfrutaste con intensidad. Cava profundo y adéntrate en tu mente para descubrir episodios perdidos de tu vida que te trajeron gran alegría y felicidad. Usa estas emociones y sentimientos para hacer una lista de actividades que podrían ser la raíz de tu pasión.

- **Ve cómo puedes conectar todas las actividades en un trabajo que te apasione.** Después, combina todas estas actividades, sentimientos y pensamientos y ve cómo puedes combinarlos. Es como tener múltiples ingredientes frente a ti y pensar en una receta que te dará un platillo exquisito.

o **Ve si puedes convertir tu pasión en una actividad que te genere ingresos**. Mientras que este aspecto puede no ser relevante para construir tu autocompasión y pasar tiempo para 'mí' alegremente, puede añadir valor a tu vida significativamente. Si tu pasión se vuelve una actividad que te genere ingresos, entonces tu trabajo será tu pasión y luego muchos problemas en tu vida se van a alivianar.

o No subestimes el poder del tiempo para 'mí' para ayudar a construir tu auto-compasión. Mientras más te entiendas, más crecerá tu auto-compasión. Un último y pequeño consejo sobre cómo pasar tu tiempo para mí: Simplemente llena tu bañera con agua caliente, añade tu jabón de burbujas para baño favorito, deja que se formen las burbujas y simplemente entra a este lujo. Siéntate con una copa de tu vino favorito cerca de tu alcance. Y disfruta tu tiempo para mí.

Capítulo 7: La autocompasión y la importancia de no juzgar

Ser juicioso es uno de los elementos más básicos de la naturaleza humana. Vemos las cosas con ojos "opuestos" en blanco y negro, bello y feo, bueno y malo, superior e inferior, etc. A pesar de esta actitud natural de juzgar todo, es un acercamiento que difícilmente sirve de algo para los seres humanos.

Por ejemplo, si ves a alguien sentándose al lado de ti en el autobús. Lo juzgas (y en la mayoría de los casos, de mala forma) basándote en su apariencia o su sentido de la moda, el color de su piel o cualquier otra cosa. Este juicio se basa en meros prejuicios porque este hombre es un extraño para ti y no sabes absolutamente nada de él.

No hay nada que puedas perder ahí porque lo más probable es que nunca lo vuelvas a ver.

Sin embargo, cuando emitimos un juicio sobre personas que conocemos sin tratar de entender el porqué y el cómo fueron orillados a hacer lo que hicieron, estamos efectivamente apagando todas las formas de comunicación abierta con ellos. Y ni siquiera nos sentamos a discutir qué te causó para formar un juicio así sobre la persona. Una actitud que juzga demasiado deja agujeros entre las personas y crea división que, a su vez, resulta en un aumento de desconexión con las personas que nos rodean.

Las ventajas de no juzgar negativamente

No juzgar te da múltiples beneficios que valen la pena explorar, y cuando encuentras el valor en ellos puedes usar estas sugerencias para construir una actitud que no juzga para ti y otros.

El no juzgar es menos estresante.

La energía y el tiempo son dos recursos que siempre hacen falta por su poca abundancia.

Desperdiciar estos preciados recursos en emitir juicios sobre personas y situaciones es una pérdida de ambos.

Emitir juicios es exhaustivo y agotador para ti. Comúnmente, ser tan crítico requiere que pases incontables horas desmenuzando cada aspecto de una persona o situación usando conocimiento limitado, y esta es una actitud muy estresante para tener.

Si eliges dejar ir esta actitud, entonces estás liberando los recursos limitados para otros trabajos productivos. También eres libre de estrés y puedes tener una vida feliz y disfrutable. Etiquetar cualquier cosa o cualquier persona basándote en conocimiento limitado hará que sea muy difícil para ti alterar esa etiqueta posteriormente.

Tus relaciones se profundizan. Todos disfrutan estar alrededor de una persona que no te juzga. Si tienes un amigo con quien te sientes libre de compartir tus secretos más oscuros y sabes que será seguro con ella y el secreto no afectará su amistad, Entonces, ¿no harías lo que fuera para asegurarte de construir una fuerte relación con él o con ella?

Lo mismo aplica contigo misma. Si puedes hacer y mantener amistades sin juzgarlas, todas tus relaciones se fortalecerán al mismo tiempo que se profundizan.

Cuando eliges ser amigo de una persona a pesar de todos sus problemas y debilidades, entonces estás trascendiendo a un nuevo nivel de construcción de relaciones. Y además, la cercanía de tus relaciones se profundizará.

Serás más productiva. Cuando te encuentras con una persona por primera vez, ¿cuánto tiempo y energía pasas tratando de descifrarlo o descifrarla? A veces podrían ser horas, ¿verdad?

En vez de eso, podrías haber usado ese tiempo para hacer algo productivo y útil para ti, ¿no es verdad?

En lugar de desperdiciar tu tiempo emitiendo juicios a personas que te encuentras, mantén todos tus pensamientos y emociones en espera hasta que sepas más sobre ellos. Puedes usar el tiempo para preguntarles cosas directas y honestas también.

Es más probable que aprendas más sobre ellos a través de un acercamiento honesto que desperdiciar el tiempo emitiendo juicios sobre ellos.

Tienes acceso a posibilidades ilimitadas. Una actitud que juzga mucho te encajona en un espacio confinado. Decides que sabes todo lo que se necesita saber y tu mente se apaga, el aprendizaje se detiene. Primordialmente, estás limitando tus pensamientos e ideas. Cierras tu mente, incluso ante opciones perfectamente explicables.

En lugar de eso, mantén tu mente abierta al hecho de que puede haber múltiples explicaciones para un fenómeno visible, luego tienes acceso a posibilidades ilimitadas de conocimiento. Tu creatividad se mantiene abierta y no estás atorado o atorada en una manera de pensar en particular.

Reduces el riesgo de dejar al descubierto tus tropiezos. Cuando emites juicios, corres el riesgo de tomar decisiones equivocadas y cometer errores. Y cuando tomas decisiones que tienen el potencial de perjudicar las oportunidades de alguien más, entonces el daño podría tener una duración más larga de lo que se esperaba. Por lo tanto, es mejor evitar hacer juicios tan precipitadamente.

Llevas una vida llena de plenitud y felicidad. No ser tan juicioso te libra de mucho estrés y de preocupaciones pesadas. Mira a los niños y entenderás este concepto. Son libres y felices porque no pasan su tiempo y energía emitiendo juicios en la vida. Solo vive el momento y disfruta de tu vida. Con una vida libre de juicios, eres más propensa a tener el mismo nivel de satisfacción y realización que un niño.

Te vuelves más compasiva. Cuando esperas pacientemente a que la cantidad correcta de información se desenvuelva antes de hacer juicios, entonces eres más propenso a desarrollar una actitud compasiva tanto para ti como para los otros.

Elige esperar y luego tomar la decisión correcta en lugar de tomar decisiones apresuradas y cuando la experiencia viene del resultado de dichas decisiones, te darás cuenta del poder que tiene una actitud que no juzga y consecuentemente vuélvete mejor en ello.

Por lo tanto, tiene sentido trabajar en tu naturaleza prejuiciosa y corregirla tan pronto como te sea posible.

No te juzgues.

Somos bombardeados por imágenes de expectativas de "perfección" a través de múltiples medios como canales de televisión, plataformas de medios sociales, comerciales, publicidad, etc. Todos estos conceptos se basan en construir tu ego y trabajan contra mejorar la compasión y la humanidad.

Empezamos juzgando y comparándonos a nosotros con estas imágenes que desfilan y se anuncian. Por el momento, es sencillo quedarse atrapados en esta red de engaños y comenzamos a vernos progresivamente como errados e imperfectos.

Lo peor es que creemos que somos imperfectos en comparación a supermodelos y celebridades. Este acercamiento genera un caos destructivo en nuestra autoestima, lo cual es desafortunado y triste.

Es en estos tiempos en los que debemos adentrarnos profundamente y exaltar nuestra naturaleza auto-compasiva y demostrar bondad hacia nosotros.

Debemos despertar de esta ilusión y aceptar que no somos celebridades y que los comerciales y publicidad son deliberadamente irreales.

Aunque no podemos evitar por completo a los medios masivos, definitivamente podemos dejar ir la imagen percibida de perfección que siempre nos muestra. Aquí hay algunas sugerencias para ayudarnos a sobrepasar el reto de juzgarnos a nosotros mismos:

Atrapa tus palabras y pensamientos negativos. Concéntrate en tus pensamientos, especialmente cuando sean negativos. Y detenlos de ir más allá y volverse más fuertes. Páralos justo ahí. Ten cuidado de no describirte en maneras que puedan ser negativas como fea, estúpida, incompetente, etc. Desafía tus pensamientos negativos y conviértelos en positivos.

Practica la conciencia. Enfoca todo tu cuerpo y mente en el momento presente y practica la conciencia. Prestar atención al presente te ayudará a mantener fuera al estrés negativo sobre el futuro o arrepentimientos del pasado. Relee el capítulo sobre la conciencia y sigue los consejos y sugerencias que se ejemplifican ahí.

No generalices con afirmaciones duras. Equivocarte en una tarea no te hace un fracaso. No hagas afirmaciones generalizadas sobre ti basándote en una experiencia mala. Por ejemplo, si fallaste en un examen, no digas "soy un fracaso". Puedes decir, "Fallé en este examen, pero trabajaré duro e intentaré de nuevo."

No interpretes que tus pensamientos negativos son la verdad absoluta. Mientras más importancia le des a tus pensamientos críticos y negativos, más te los creerás. Desafía a tu negatividad, tu voz interna crítica y contrarréstala con las defensas de tus logros y aciertos.

Acepta cumplidos de la manera correcta. Cuando alguien te da un cumplido o dice algo lindo sobre ti, tómalo de la forma correcta. Se agradecida y demuestra tu gratitud con un simple gracias. No reacciones a los cumplidos con aspectos negativos de tu personalidad. Además de hacerte ver juiciosa, esta clase de actitudes será interpretada como una señal de rechazo hacia el cumplido, como un insulto o una falta de respeto de quien haya externado el cumplido. Con una actitud como esta, las personas se alejarán de ti.

Pon atención a tus fuerzas tanto como a tus debilidades. Nadie es perfecto, esa es la verdad absoluta. De igual forma, nadie carece de fuerzas, eso también es verdad. Por lo tanto, cuando eres bombardeada de críticas viniendo de todas direcciones, pon atención a los aspectos positivos de tu personalidad y balancea la perspectiva. Esto te ayudará a mantener una actitud no juiciosa hacia ti mismo.

Recuerda que tú eres tu mejor amigo o amiga, así que trátate con el mismo nivel de amor, compasión y acercamiento no juicioso que usarías para otro mejor amigo o amiga. Un acercamiento no juicioso para ti es un paso crucial para construir la auto-compasión. Sigue estos pasos para evitar caer en una actitud que juzgue en exceso:

Paso 1: detén tus pensamientos juiciosos en el acto. Si encuentras que tus pensamientos se están volviendo completamente juiciosos, detenlos en el acto. Esto requiere mucha conciencia propia. Aquí hay algunas sugerencias para construir la conciencia propia:

- **Mírate tan objetivamente como puedas**. Esto puede representar todo un reto, pero comienza con un diario. Escribe tus emociones y pensamientos, especialmente cuando te estás sintiendo abrumada por la negatividad. Escribe todos tus aciertos y fracasos. Toma retroalimentación de otros. Toda esta información te ayudará a llegar a una perspectiva objetiva sobre ti.

- **Escribe tu propósito en la vida, planes y metas por alcanzar.** Tu diario debería de volverse tu biblia. Escribe todas tus metas. Desármalas en pequeñas tareas que puedas realizar y marca cada tarea mientras la completas. Mientras más leas y actualices tu hoja de metas, más consciente te volverás.

- Reflexiona diariamente. Pasa algo de tiempo en la mañana y en la noche reflexionando sobre ti y los eventos del día. Ve cómo has mejorado tus reacciones y respuestas a situaciones emocionalmente intensas.

- **Practica la conciencia**. Practicar la conciencia te ayudará a incrementar la conciencia sobre tus acciones. Practica sugerencias y técnicas que te ayuden a mantenerte en el momento presente.

- Con práctica, tu conciencia aumentará considerablemente y no tomará mucho tiempo para que suceda. Con un aumento en la conciencia, puedes atrapar juicios mientras entran en tu mente. Detenlos inmediatamente.

Paso 2: Comprende tu situación. Una vez que pones un alto a tus pensamientos juiciosos, tu mente se vuelve libre para enfocarse en comprender la situación claramente y de manera objetiva. ¿Por qué esta persona se portó de la manera en la que lo hizo? ¿Hay una manera de entender su perspectiva? Hablar con la persona es la mejor forma de averiguar la información correcta, especialmente tratándose de sentimientos, emociones, razones y comportamientos. Descubre su historia o el trasfondo de la situación presente.

Si no puedes hablar con la persona, entonces imagínate en sus zapatos. Piensa en las vastas posibilidades para el comportamiento de la persona incluso si fue desagradable y horrible. Fácilmente pudo ser una reacción natural a una experiencia desagradable.

Por ejemplo, si presenciaste un incidente cuando la persona A golpeó a la persona B, es una reacción impulsiva el que veas a la persona A como la culpable.

Eso sería una reacción prejuiciosa.

Sin embargo, si hubieras elegido entender la situación y el trasfondo de este evento, entonces quizá hubieras descubierto que la persona B golpeó primero a la persona A sin ninguna provocación. La persona A solo reaccionó con otro golpe. Realmente no podemos decir quién estaba bien y quién estaba mal hasta que tomemos el tiempo y esfuerzo para entender la situación clara y objetivamente.

Paso 3: Acepta la situación por lo que es. Una vez que has obtenido una semblanza de entendimiento, es tiempo de aceptar la situación y todos sus elementos en ella sin juicio. Simplemente acepta a la persona por quien es y sin tratar de forzar cualquier clase de cambio.

También, acepta que esta persona podría volver a comportarse de la misma manera si la oportunidad se presenta de nuevo. Otra vez, acepta esto sin ninguna expectativa de que esta persona cambie. Nadie de nosotros es capaz de cambiar a alguien o algo en este mundo, excepto a nosotros mismos. Por lo tanto, no puedes tomar la responsabilidad de cambiar a la persona frente a ti. Una vez que aceptas que el mundo elegirá a su propio ritmo y solo cambiará cuando este decida, entonces tu nivel de frustración con todo y todos los que te rodean se reducirá considerablemente.

Paso 4: Demuestra amor y compasión. Ahora que en verdad superaste la etapa juiciosa, demuestra amor y compasión hacia el individuo en cuestión. No tienes que ir a abrazarlo o hacer algo dramático a menos que la persona sea alguien que conoces muy bien. Y si es un extraño, solo dite a ti mismo que esta persona también merece amor y compasión y sigue adelante desde ahí, especialmente si no puedes ayudarlo de alguna forma.

La persona de la que estamos hablando en este proceso de cuatro pasos podría ser cualquiera--- un amigo querido, un conocido, un extraño, o incluso tú mismo. Este proceso te ayudará a eliminar la idea de emitir juicios. Y te ayudará a volverte más consciente, observador, empático, comprensivo y compasivo que antes hacia todos, incluyéndote a ti.

La mejor parte de dejar de ser tan juicioso es el inmenso sentido de alivio que obtienes por falta de estrés y ansiedad. Eres libre de tener que emitir juicios, tomar decisiones basándote en prejuicios y sesgos y todo ese trabajo sin valor. Tu tiempo y energía se mantienen disponibles para enfocarse en trabajo útil, y productivo y consecuentemente lograr un incremento en el éxito, la felicidad y la plenitud en la vida.

Capítulo 8: En el nombre de la autocompasión, cuídate

El cuidado propio es de suma importancia en el espectro de la auto-compasión. Si tú no prometes cuidar de ti, entonces tu habilidad para la auto-compasión se maltrata. Recuerda, el cuidado propio no se trata de ser egoísta. Se trata de cuidarte para que seas fuerte y poderoso para cuidar de otros.

Si te enfermas, ¿Cómo puedes cuidar a tu hijo enfermo o padre? Si no tienes salud física, ¿cómo vas a trabajar duro y ganar dinero para tu familia? Si no te preparas con las habilidades adecuadas, ¿cómo vas a conseguir esa promoción que te traerá el dinero extra necesario para la educación superior de tu hijo o hija? Si no sanas tus heridas emocionales, ¿cómo puedes enseñar a tu hijo como sanar sus heridas?

Este es el significado de cuidado propio. No tiene nada que ver con el egoísmo. Al contrario, no cuidarse es un equivalente del egoísmo porque podría significar que no te importan los demás, así que no importa si eres saludable o no.

Consejos para el cuidado propio

Aquí hay algunos consejos cruciales para un cuerpo y mente saludables. Úsalos para mantenerte físicamente saludable y mentalmente activo y libre de estrés.

Deja de pensar demasiado y analizar demasiado. No eres un ser divino. Tú solo eres un ser humano con todas las imperfecciones que la humanidad trae consigo. Tú no estás obligada a tener las respuestas a todos los acertijos del mundo. La vida no se trata de un destino para llegar, sino de un maravilloso viaje para recorrer. Este viaje tan bello por recorrer desenvuelve magia y belleza diariamente. Siéntate y relájate en tu viaje y deja de pensar demasiado y analizar tanto cada evento, episodio, situación y personas en tu vida.

Acepta lo incontrolable, deja de tratar de controlarlo. Muchas veces, has tenido que aceptar las cosas simplemente por lo que son. Ese árbol es verde. No puedes hacerlo morado. La piel de ese perrito es negra. No puedes cambiarlo a blanco. Esa fruta es agria. No puedes hacerla dulce. Todo en este mundo tiene su propósito. Puede que no seas capaz de ver el propósito detrás del porqué del verde en el árbol o el color negro en el perrito o el sabor agrio en el fruto. Eso no significa que estas cosas no tengan un propósito. Deja que sean lo que son. Para tratar de controlar lo incontrolable. En vez de eso disfruta la belleza de la vida.

Realiza acciones que te den pavor. Por ejemplo, si te aterra el agua, toma clases de natación. Si detestas un vegetal en particular, encuentra una manera de comerlo. Si tienes miedo de postularte para un nuevo empleo, solo anda y aplica para el puesto. Es sencillo encontrar múltiples excusas para no hacer las cosas que nos incomodan. Encuentra una buena razón para salir de tu zona de confort y haz algo que te aterra o que no te guste. Salir de tu zona de confort tan seguido como puedas fortalece tu mente como ninguna otra cosa.

No te muevas y guarda silencio. Vivimos en un mundo que se apresura sin pensar dos veces y desafortunadamente, podríamos no tener cuidado ni prestar atención a todas las personas y elecciones que ignoramos por darnos prisa. No tenemos tiempo de sentarnos en silencio y disfrutar de la inamovilidad de la vida. Estamos sobre-estimulados por múltiples aparatos, vídeos, películas y el tornado que es el mundo moderno.

En este loco mundo, encuentra un lugar para ti y retírate a ese lugar de soledad tan seguido como puedas. Siéntate en silencio y no hagas nada. Solo mantente quieta. Escucha el cantar de las aves, el sonido de las hojas al arrastrarse, el soplar del viento, el ladrido de un perro, el maullido de un gato o a veces, solo el sonido del silencio. Solo siéntate y disfruta de la inmovilidad y en esta inmovilidad encontrarás la magia de la vida.

Crea rituales de felicidad. Crea rituales de felicidad que te den una oportunidad de pasar tiempo contigo misma. Por ejemplo, haz tu cama conscientemente cada mañana luego de despertar.

Enorgullécete de alinear las arrugas de la sábana, alíneala sobre el colchón, mete los bordes debajo del colchón con amor, acolchona y coloca en su lugar las almohadas, etc. No hay vuelta atrás luego del acto de hacer tu propia cama. Pero hacer de esta acción un ritual diario te dará la oportunidad de practicar simple y sencillamente una conciencia propia para incrementar lo conscientes que somos.

Rodéate de seres queridos. Rodéate con personas que te han visto en tus peores y mejores momentos. Lo bueno de estar en medio de estas personas es que ellos no dudarán en llamar una espada una espada. Si estás cometiendo un error, ellos no dudarán en advertirte incluso si significa arriesgarse a ganar tu displacer.

Y por supuesto, dichas personas estarán ahí como tu sistema de soporte durante los tiempos difíciles. Estar rodeado de seres queridos te dará un asombroso sentido de conectividad, un elemento clave para la autocompasión.

No te compares con nadie más. Cuando te comparas a ti misma con cualquier otra persona, dos cosas muy importantes toman lugar:

- Te sientes estresada y ansiosa por tu aparente falta de todas las cosas que la otra persona tiene.

- Pierdes la apreciación de tu lugar sagrado y propósito en este mundo.

Ambos de estos elementos son contraproducentes para la auto-compasión y el cuidado propio. Deja de compararte con otras personas. Fuiste enviada a este mundo con un único y especial propósito. Identifica cuál es y vive por ese propósito.

Asiste a terapia. La salud mental no es ningún chiste y aunque puedes avanzar bastante lejos con la suficiente determinación y apoyo, nunca está de más buscar ayuda de un terapeuta.

Existe la falsa creencia de que solo son los enfermos mentales quienes deben asistir con el psicólogo o el psiquiatra. Pero esto es totalmente falso, una terrible misconcepción que ha disuadido a muchos de buscar ayuda profesional en este ámbito.

Es tan importante como realizar chequeos anuales con el médico para corroborar que todo va bien con nuestro cuerpo. Gracias a la terapia podemos trabajar junto con un profesional en nuestras inquietudes e inseguridades para desarrollar mejor nuestro amor propio y por consiguiente, la auto-compasión.

Si tienes problemas para dar este paso puedes hablar con alguien que haya asistido y preguntarle sobre su experiencia o puedes pedirle a un amigo o amiga de confianza que te acompañe para asistir a la primera cita que agendes. De este modo no solo recibes apoyo y valor de quien decida acompañarte sino que fortaleces el lazo que compartes con esa persona.

Aliméntate sanamente y de comida que viene de la tierra. Come muchos alimentos que provengan de la tierra, como vegetales y los típicos verdes, en lugar de sobresaturar a tus papilas gustativas con azúcar y sal de manera excesiva. Esto ayudará a sensibilizar a tus papilas gustativas para los sabores simples y sutiles, lo cual te ayudará a encontrar alegría en comidas naturales y deliciosas.

Además, alimentarte de comida tan sana te hará sentir liviana y saludable. Tu piel tomará un perfil más radiante, gracias a los antioxidantes naturales y otros ingredientes importantes en platillos nutritivos que mejoran la piel, y tu seguridad de ti misma se verá aumentada.

Es sencillo rendirse y dejar la comida saludable cuando nos sentimos tristes y deprimidos. Es durante estos tiempos que debes recuperar tu auto-compasión y orillarte a comer platillos sanos y nutritivos para tu bienestar físico y mental.

Si te es posible, puedes consultar a un nutriólogo que te ayude con este paso para el amor propio.

Un profesional de la salud puede hacer maravillas por tu cuerpo si sigues las dietas que prepare para ti y trabajes para mantener esta en tu vida diaria.

No tengas miedo de abrirte con un psicólogo o psicóloga, todo lo que compartas con ellos es estrictamente confidencial y gracias a eso podrán ayudarte con ejercicios para tu beneficio mental y emocional.

De sentirlo necesario, puedes buscar que se realicen sesiones de terapia grupal para ti con tus amigos cercanos o tu familia si crees que todos necesitan este apoyo profesional y un espacio neutral para entender las cosas como son. Quien sabe, puede que dando este difícil primer paso sea el inicio de una gran mejoría en tus relaciones interpersonales con quienes te rodean.

Ejercítate con regularidad. Si la buena comida es un elemento importante para el cuidado propio, ¿la actividad física puede estar muy lejos? Ejercicio físico regular puede transformar tu vida positivamente. La mejor manera de experimentar este cambio positivo es de este modo:

- Si eres una persona que no está acostumbrada al ejercicio regular, comienza hoy: Persiste solo por una semana, y notarás cuán maravillosamente distinta y feliz te sientes. Notarás un sentido de logro luego de terminar tu caminata o trote. Te sentirás más energética de lo que jamás sentiste antes de comenzar tu régimen de ejercicio.

- Si eres una persona que está acostumbrada a ejercitar con regularidad pero tiendes a darlo por sentado, pensar que realmente no le estás añadiendo valor a tu vida y solo lo estás haciendo por tener el hábito, deja de ejercitar por solo una semana. Notarás el inmenso cambio en tu estado físico y mental. Tu mente se nublará. Te volverás desmotivada y sin energía. Te volverás irritable y no podrás descansar como antes.

El ejercicio regular o la falta del mismo son responsables de estos cambios. Nunca tomes las ventajas del ejercicio regular por sentado. Hazlo sin fallar y cosecha los múltiples beneficios que te ofrece.

Lo más recomendable es que consultes a un fisioterapeuta antes de comenzar con esta fase. De esta manera no solo evitas lastimarte al realizar equivocadamente algún ejercicio para el que tu cuerpo aún no está listo, también podrás cuidar de tu cuerpo junto con un o una profesional de la salud que aplique sus conocimientos para cuidarte y mejorar tu condición física.

Los consejos de amigos y entrenadores de gimnasio son bienvenidos pero siempre es mejor hacer caso a un profesional.

Perdona a todos los que te rodean, incluyéndote a ti misma. El perdón es uno de tus mejores amigos para la fuerza mental. No guardes rencores, no tienen nada de valor. Deja ir a los rencores y perdona a las personas que creas que son responsables por dolores que pasaste en tu vida. De igual manera, perdónate a ti misma por tus errores, tanto los que cometiste contigo como los que afectaron a los demás. Dejar ir al resentimiento, dolor, ira y otras formas de negatividad es la cosa más liberadora que puedes hacer por la auto-compasión y la paz mental.

Sé asertivo. No dejes que nadie te obligue a hacer algo que no te guste hacer. Ser linda es una cosa. Pero ser un tapete es completamente inaceptable si buscas construir técnicas de cuidado propio y, subsecuentemente, auto-compasión. No sigas ni hagas lo que sea que las personas quieran que tú hagas. Levántate por tus derechos y libertades. Si no te gusta hacer algo, encuentra la fuerza para decirlo y no lo hagas.

Podrías dejarte ser molestado por abusadores a esas alturas, pensando que al menos te trajo paz; Sin embargo, sin darte cuenta, estarás cargando el peso de esta actitud abusiva, la cual se acumulará y se convertirá en resentimiento y en enojo contra ti; Un elemento que es completamente contradictorio a la auto-compasión. Por lo tanto, no dejes que nadie te moleste ni abuse de ti.

Evita a las personas negativas. Las personas negativas que usan insultos y tácticas para hacer de menos para manejar sus propias inseguridades están mejor si las dejas solas. Evita a esta clase de personas por completo. Envíales algo de compasión ocasionalmente. Pero mantente segura de sus ataques. Ellos pueden afectar tu positividad y absorber tu energía mental y física.

A veces, las personas negativas encuentran otra manera de atraerte a su negatividad. Ellos no te harán menos, pero sí hablarán mal de otras personas contigo. Ten cuidado de estas situaciones, y evita ser atraída hacia una red de negatividad. Mientras más evites a personas negativas, mejor para tus necesidades de cuidado propio.

Que no te engañen para pensar que los medios sociales son el mundo real. Los medios sociales son divertidos y conectar con el mundo es aún más divertido. Sin embargo, los medios sociales no son el mundo real. Tus amigos ahí probablemente no serían tus amigos en la vida real. Solo son personas que comparten historias que quieren compartir, típicamente solo sus momentos felices (muchas veces, incluso éstos son falsos).

No te dejes engañar pensando que estas personas lo tienen todo y tú no tienes nada. Recuerda la realidad compartida por la humanidad, en la que todos están sufriendo porque el dolor es parte de la vida. A nadie le gusta compartir la tristeza, y es por eso que ves imágenes de "perfección" escondiendo las imperfecciones. No te dejes llevar.

Disfruta tu tiempo en medios sociales. Pero cuando se vuelve abrumador, recuérdate que ese no es el mundo real. Salte del mundo virtual y únete al mundo real de los verdaderos seres humanos.

No reprimas tus emociones. Las emociones y los sentimientos deben sentirse. Tanto los buenos como los malos. Nadie se queja de los buenos, pero todos odiamos los malos, ¿no es así? Es tiempo de recordar que podemos apreciar nuestras emociones buenas solo porque hemos experimentado las emociones malas. Por lo tanto, ambas van de mano en mano.

Mientras no tienes que hacer un esfuerzo para sentir emociones malas, cuando éstas se presenten, no intentes suprimirlas. Siéntelas, abrázalas y luego déjalas ir. Sentir emociones es la única forma de liberarlas de tu sistema. Suprimir los sentimientos negativos resultará en una acumulación.

Cuando esta colección de sentimientos malos dentro de tu sistema sobrepasa el límite, la presa se agrietará, dejando un desastre emocional a su paso. Por lo tanto, es importante que te permitas sentir emociones negativas.

Acepta a la verdadera tú. No montes una farsa para nadie, ni para ti ni para el mundo exterior. Presenta tu yo auténtico a todos quienes se crucen contigo. Para esto, primero tienes que aceptar con brazos abiertos a tu verdadera yo, el ser humano con errores e imperfecciones. Cuando te aceptas tal y como eres, no dudarás en ser auténtica para todas tus interacciones.

Ser auténtica te libra del peso de tener que mantener una farsa o pretensión. Ser fiel a ti misma te empodera para mostrar lo que te hace única a las personas sin sentirte avergonzada o culpable. Este poder viene de la auto-compasión porque sabes que todo ser humano es imperfecto también. Aquellos que eligen esconder sus imperfecciones están en desventaja cuando se trata de encontrar paz mental, estar contentos y vivir una vida llena de plenitud.

Identifica a un buen compañero o compañera de vida en lugar de a un héroe en leotardo. Si quieres a un superhéroe como compañero, entonces es mejor que te unas a las películas.

Para llevar una vida en familia feliz, necesitas a un compañero comprensivo que tenga un sistema de valores que se alinee al tuyo.

Lindo es más consolador, estable, sexy y más cariñoso que alguien que se siente un bacán pero con la mentalidad e inteligencia de un niño de secundaria.

Ofrece un servicio. Identifica tu pasión y presta un servicio en ese ámbito. Ya sea en un asilo, un orfanato, un hospital, un refugio de animales o cualquier otro lugar en el que conectes, ve y haz un servicio regular en esos lugares. Recuerda, mientras más das, más te da la vida. Encuentra las maneras de seguir dando en tu vida.

Encuentra maneras de dar que llenen tu corazón y tu mente con alegría y felicidad.

Da en maneras que te empoderen en lugar de disminuir tus niveles de energía. Da y da tanto como te sea posible. Cuando ofreces ayuda a los necesitados, sus bendiciones y rezos vendrán de maneras que no te esperarías.

Cuando sirves a los menos afortunados, la sonrisa en sus rostros es suficiente gratitud para seguir adelante por varios días. Además, cuando interactúas con personas que son menos afortunadas que tú, tu sentido de gratitud aumenta. Dejas de quejarte tanto. Ves a la vida con más positividad, y tu vida se llena de esperanza, amor y compasión para ti y todos los que te rodean.

El cuidado propio no es auto-indulgencia. Es un objeto especial que necesitas considerar para que puedas prestar servicios a las personas que te necesitan. En el cuidado propio es importante que solo seas quien eres y alcances tu más grande potencial sin la necesidad de compararse ni competir con nadie.

Otros ejercicios para cultivar la auto-compasión

Si continúas luchando para demostrar amor propio, los siguientes ejercicios te ayudarán a elevarlo y a su vez mejorar la auto-compasión, aunque algunos te puedan sonar repetitivos o familiares. Es posible que tengan un efecto profundo sobre cómo te relacionas contigo y con los demás.

1. Separa a tu yo autocrítico de tu yo auténtico.

Como ya se mencionó antes, un paso importante para mejorar tu auto-compasión consiste en reconocer el auto-criticismo. Es de suma importancia que seas capaz de determinar cuando tu voz interna crítica es la que está hablando y cuándo se trata de tu yo optimista.

Toma un diario o un cuaderno en blanco y dibuja un pequeño retrato de ti mismo o de ti mismo. No te preocupes, no importa si no es muy bueno. Ahora, dibuja unas cuantas burbujas de pensamiento y en ellas escribe tus pensamientos negativos más frecuentes. Esto puede resultar algo doloroso, pero intenta terminar. Cuando hayas llenado todas las burbujas, tómate un momento para reconocer de dónde provienen todos estos pensamientos. Puedes anotar un encabezado en la hoja que diga "mi crítico interno".

Después, da la vuelta a la página y realiza el ejercicio una vez más, pero enfócate en maneras alternativas para pensar sobre cada globo de criticismo. Y escribe un encabezado que diga "mi yo auténtico".

2. Empieza un grupo de enfoque positivo.

Esto puede resultar difícil de hacer porque requiere el compromiso de un puñado de personas; Sin embargo, también genera un gran impacto. Un grupo de enfoque positivo es una actividad grupal que involucra a cada miembro en tomar turnos para ser sujetos a una discusión sobre sus fuerzas y cualidades positivas. Te diremos cómo se hace a continuación.

Enlista a un grupo de amigos y miembros familiares de confianza. Si tienes complicaciones para que las personas acepten, intenta recordarles que ellos también saldrán beneficiados de este ejercicio. Separa una hora o más dependiendo de qué tan extenso sea el grupo, y júntense todos en un espacio cómodo y privado como la sala de alguien. Elige a alguien para que pase primero y luego adéntrate en la discusión sobre todo lo que te gusta sobre él o ella.

Sus fuerzas, sus habilidades, talentos, etc. Cualquier cosa que aprecies de esa persona es bienvenida y ahora repite este proceso hasta que todos hayan sido sujeto de la discusión.

Si esto te suena incómodo, entonces quizá tú seas quien salga más beneficiado de todo esto. Cuando no tienes mucha autocompasión y no demuestras suficiente amor es vital que aprendas a reconocer las cosas buenas que hay en ti y creer en las cosas positivas que otros dicen de ti.

3. Crea afirmaciones de amor propio.

Puede que ya hayas pensado en algunas afirmaciones para mejorar tu confianza, pero también puedes crear unas afirmaciones adicionales para mejorar tu amor propio. Puedes intentar lo siguiente para que se te ocurran afirmaciones efectivas.

Escribe tu afirmación en tiempo presente. Concéntrate en aceptarte por quien eres, aquí y ahora. Demuéstrate amor propio en tu estado actual. Asegúrate de usar una perspectiva en primera persona. No escribas afirmaciones sobre ti como si fueras otra persona, escríbelos para ti desde tu propio punto de vista. Repite estas afirmaciones al menos una vez al día, esto puede ser más eficiente si dedicas un horario específico del día para esto y así recordar hacerlo todos los días.

5. No olvides la humanidad compartida.

Como se mencionó antes, todos cometemos errores y nadie es perfecto debido a nuestra humanidad compartida. Si alguien te pregunta si crees que todas las personas somos iguales, ¿qué le dirías? Si al hacerte esta pregunta aún piensas en cosas como "no soy tan bueno como ella" o "ellos son mucho mejores que yo" e incluso "no merezco tener lo que él tiene" recuerda que todos pueden llegar a pensar así y nadie es perfecto.

Por normal que pueda ser tener pensamientos negativos, si estos cruzan tu mente muy seguido puede ser dañino y perjudicial.

Una manera de neutralizar estos pensamientos y cambiar tu percepción de ti mismo o ti misma es intentar comprometerte al principio de la equidad que conlleva la humanidad compartida. Todos somos igual de humanos y por esto todos merecemos de igual manera el amor, la dignidad y la felicidad. Sí, ¡incluso tú!

Los días en los que te sientas más abajo puede ser tentador considerarte como una excepción, pero recuerda que este principio de equidad no tiene excepciones. Si todos son merecedores de amor y felicidad, tú lo eres también.

Si al llegar a este punto del libro aún sientes que tienes problemas para aceptar e internalizar este concepto y el hecho de que no hay excepciones, intenta pensar en un amigo o familiar que signifique mucho para ti. Y recuerda que al no haber excepciones, eres tan merecedor o merecedora de cosas buenas al igual que ellos. Es difícil mantener esos pensamientos negativos cuando tienes que aplicarlos con alguien que amas.

5. Darte muestras de afecto.

Las personas suelen demostrar amor y cariño hacia los demás mediante el tacto. Nosotros damos abrazos y besos en la mejilla a nuestros familiares y tomamos de la mano a nuestra pareja. Esta clase de gestos físicos pueden ser aplicados como un gesto de amor propio si los haces para ti.

La próxima vez que te sientas enfadado o enfadada, triste o con mucha preocupación, consuélate con una caricia amorosa. Puedes intentar cualquiera de las siguientes cosas o trabajar con lo que funcione mejor para ti.

- Coloca una o ambas manos sobre tu corazón y mantenlas ahí mientras respiras profundo.

- Date un abrazo colocando tus manos sobre tus hombros.

- Usa una mano para gentilmente tomar la otra.

- Coloca ambas manos en tus mejillas y acaricia tu rostro con delicadeza.

- Envuelve tus manos sobre tu estómago y date un delicado apretón.

- Pasa tus uñas delicadamente sobre tu cuello y sobre tus hombros.

Puede que te sientas algo incómodo o incómoda en un principio, pero estas son excelentes maneras de demostrarte algo de amor y cariño.

6. Repite mantras de amor propio.

Para que mantengas el sentido del amor propio y la auto-compasión contigo todo el día, a donde quiera que vayas, intenta pensar en un mantra, palabras, frases, u oraciones cortas que te mantengan concentrado o concentrada en las cosas que te importan.

Son similares a las afirmaciones pero las afirmaciones son sobre mejorar el amor propio a través de la aceptación. Los mantras generalmente vienen de hacer una perspectiva, se concentran en lo que eres capaz de hacer, mientras que las afirmaciones vienen más de una perspectiva del ser.

Tu mantra puede ser cualquier cosa, desde una palabra hasta varias oraciones, pero generalmente mientras más corto sea, mejor. Tu mantra debería de recordarte algo que hayas logrado o algo en lo que seas bueno. También debería de hacerte sentir bien sobre ti mismo o ti misma.

Por ejemplo, si te enorgullece haber superado con éxito algún vicio o adicción o recuperarte de alguna herida grave, puedes elegir un mantra como "he superado obstáculos antes, y si vienen más los superaré de nuevo."

O incluso solo "Lo superaré".

Mantén este mantra como una herramienta secreta de uso personal. Una cosa especial que solo tú usas y compartes contigo mismo.

Tráelo al juego cuando estés enfrentándote al miedo, la ansiedad, la ira, la inquietud o cualquier otra situación o emoción difícil. Y de este modo deja que te recuerde de dónde vienes, dónde has estado y hacia dónde te estás dirigiendo.

Conclusión

Muchos principiantes de talleres auto-compasivos encuentran algunos de los ejercicios muy vergonzosos para realizar y también son críticos. Por ejemplo, quienes atienden los talleres tienen que abrazarse a sí mismos, trazar sus rostros delicadamente con voces relajantes y palabras para calmarse, etc. Otro ejercicio involucra mantener tu mano sobre tu corazón mientras recuerdas experiencias dolorosas.

Muchos principiantes se abstienen de participar en estos ejercicios de auto-compasión. Sobre pensar profundamente, muchas personas se darían cuenta de que esta resistencia a la auto-compasión viene de la creencia de que es auto-indulgencia. Cuando te vuelves consciente de este pensamiento interesante, comienzas a preguntarte por qué no quieres ser auto-indulgente.

Comúnmente, es porque no queremos ser vulnerables ya que eso refleja debilidad, y no queremos parecer débiles.

La ironía es que la vulnerabilidad, imperfecciones y debilidades son el núcleo de la existencia humana. El darse cuenta de esta verdad irrefutable te iniciará en tu viaje de auto-compasión. En resumen, la auto-compasión tiene tres componentes críticos incluyendo:

1.- **Bondad propia.** Ser comprensivos y gentiles hacia nosotros en lugar de ser duramente autocríticos cuando nos enfrentamos con errores y fracasos.

2.- **Humanidad común.** Conectar con otros a través de la realidad compartida de las imperfecciones y sufrimiento en lugar de pensar que estamos solos, aislados y alienados, todo esto por el mal entendido de que nadie sufre tanto como nosotros.

3.- **Conciencia.** Estar consciente de nuestras experiencias sin exagerar o ignorar los sentimientos, emociones y pensamientos.

La auto-compasión nos empodera para darnos la misma clase de amor y cariño que le daríamos a un ser querido o a un buen amigo que nos necesita. La auto-compasión nos ayuda a manejar y sobrepasar los tiempos más difíciles y las situaciones más dolorosas en nuestra vida con ecuanimidad y fuerza.

La auto-compasión no es una estrategia de corto plazo que puede ser olvidada en la ausencia de situaciones dolorosas. En realidad, es un cambio de estilo de vida a la manera en la que tratamos con nosotros mismos. Nos enseña cómo llevar una vida feliz, llena de significado y plena desde un sitio de bondad y compasión en lugar de criticismo duro. La auto-compasión nos da el poder de ver y experimentar la realidad compartida de la raza humana.

Entendemos que los seres humanos son imperfectos pero tienen el poder de amar y demostrar compasión, lo cual es mucho más poderoso que el criticismo y las palabras duras. Por lo tanto, en vez de criticar y juzgarnos, elegimos la auto-compasión para aceptar todo nuestro ser, incluyendo la acné y todo lo que conlleva.

De hecho, la auto-compasión nos enseña a ver las imperfecciones como cualidades únicas y especiales y no solo como acné. La imperfección de una persona se complementa con la imperfección de otra y así sucesivamente para que el mundo como uno solo se mantenga conectado y unido. Compartimos la realidad de este mundo y por ello, avanzamos hacia adelante juntos con el poder de la auto-compasión.

Lightning Source UK Ltd.
Milton Keynes UK
UKHW021843071220
374768UK00004B/521